# 子どもアドボケイト養成講座

## 子どもの声を聴き権利を守るために

堀 正嗣

明石書店

# はじめに

本書は子どもアドボカシーの全体像とエッセンスを、わかりやすく伝えることを目的とした入門書です。

子どもたち自らSOSをおとなに伝えていたにもかかわらず、虐待により命を奪われるという悲惨な事件が相次いだことを受けて、子どもアドボカシーが国会や地方議会、行政機関、マスコミなどで取り上げられるようになりました。厚生労働省も二〇一九年一二月に「子どもの権利擁護に関するワーキングチーム」を設置し、子どもアドボカシーの制度化に向けて本格的な検討を開始しました。そして、二〇二二年六月の児童福祉法改正により「意見表明等支援事業」が新設され、子どもアドボカシーに関する事業が制度化されました。また、同年八月に、子どもアドボカシー学会を私たちは設立しました。こうした大きな動きの中で、国会議員・地方議員、厚生労働省や自治体の行政関係者、児童相談所・児童福祉施設職員、そして子どもの権利を守ることを求める市民など、子どもに関わるすべての人にとって、「子どもアドボカシー」はキーワードになっています。

本書の初版第一刷は二〇二〇年一〇月に刊行されました。その時点では、議員や行政、市民運動に携わる方々から、「子どもアドボカシーについてのわかりやすい本はありませんか」と尋ねられても、勧められる入門書がありませんでした。子どもアドボカシーについての研究書は増えてきました。しかし研究書であるために、一般の方々からのアクセスが難しいという問題点がありました。そのため、せっかく関心をもっていただいても、さらに知っていただく機会につながらず、残念な思いをしてきました。また子どもアドボカシーを進めたいと思っておられる関係者の中にも、十分ではない理解や誤解に基づくものもありました。そのため、「子どもアドボカシーを広げていくには、エッセンスをわかりやすくまとめた本が早急に必要だ」と感じてきたのです。幸いなことに、本書は多くの方々に手に取っていただくことでき、この度四刷を刊行することとなりました。

本書は子どもアドボケイトをめざす人を対象とした入門書です。子どもアドボケイトになるためには、アドボカシーの意味・理念・原則・実践方法について理解することが必要です。あわせて、ロールプレイや演習を通して子どもと信頼関係を構築し、子どもの声を聴き、子どもの意見の実現に向けて支援する技術を学ぶ必要があります。これは子どもアドボケイトとしての価値や生き方を体得するプロセスでもあります、そして実際のアドボカシー活動を通して、子どもに学ぶことにより、真にアドボケイトになれるのです。その意味で本書は、子どもアドボケイトという山の登山口だといえます。しかし、登山口がわからなければ、頂上にたどり着くことはできません。その意味で大切な第一歩だと考えています。

また本書は、国会や地方議会の議員、国や自治体で児童福祉行政に携わる方々、子どもアドボカシーを新たな活動として始めたいと考えている市民の方々、マスコミの方々など、子どもアドボカシーの実現に関わるすべての方々にとっての道案内となることをも願って執筆しました。

いじめや虐待を受けている子どもたち、貧困家庭の子どもたちをはじめ、権利侵害を受けて傷つきながら声を上げることができない子どもたちがたくさんいます。ニュースになり表に出ることもありますが、それは氷山の一角にすぎません。これをなんとか変えなければいけない。子どもの権利が守られる社会にしなければいけない。そのために必要なのが子どもアドボケイトです。

本書は、私が二〇一八年に名古屋のこどもフォーラム主催の「子どもアドボケイト養成講座」で三日間にわたって講演をさせていただいた時の文字起こしの原稿に、大幅な加筆修正と再構成を行ったものです。新たに書き下ろした個所もあります。文字起こしの原稿を読み返してみると、的確に起こしていただいており、聴衆に語りかけるものであるため、これまで書いてきたものとは違ってわかりやすいと感じました。そこでこれを基にして子どもアドボケイトをめざす人のための入門書をつくろうと決意したのです。この度の増刷にあたっては、子どもアドボカシーをめぐる最新の動向について加筆しました。

本書は、文字起こしをしていただいた原京子さん（子どもアドボカシーセンターＮＡＧＯＹＡ・子どもアドボカシー学会事務局長）と、出版をご快諾いただいた明石書店の大江道雅社長・神野斉編集部長のお力添えにより世に出ることができました。また編集の実際については岩井峰人さんに大変お世話になりました。みなさまに厚くお礼を申し上げます。

二〇二三年一〇月　四刷刊行にあたって

堀　正嗣

目次

# 第❶講　子どもアドボカシーの意味

## ①辞書的意味

アドボカシーをどのようにとらえるかについては、いろいろな理解や説明の仕方があります。英語の辞書を引くと、Advocacyとは「弁護、支持、鼓吹、唱道」（研究社　新英和中辞典）と書かれています。他動詞のAdvocateは「擁護する、唱道する、主張する」（同前）という訳が出ています。同じ綴りで名詞形になると「主唱者、唱道者、代弁者」（同前）という訳が出ています。

イギリスやカナダでは、子どもたちの声を聴き、意見表明を支援したり代弁する活動をアドボカシーと呼んでいます。そして施設などいろいろな場に訪問して子どもたちの相談を受けてアドボカシーを行う人をアドボケイトと言っています。

## ②アドボカシーの語源

私がアドボカシーの意味が「なるほどとわかった」と感じたのは、次の説明に出会った時です。

advocacy はラテン語の「ad（誰かに向かって）＋ vocō（呼ぶ）」を語源とする言葉であり、英語で言えば「to call」（声をあげる）という意味だという説明です。「ああそうか」と思いました。例えば川でおぼれている子どもがいた場合、子ども自身が「助けて」と声をあげることは難しいかもしれません。でも、たとえ自分で声をあげられないとしても、そのことを目撃したおとなが、あるいは友達が「大変だ、助けて」と声をあげることは可能で、その声を聞いて集まってきたみんながその子を助け出すことができるかもしれません。そのように、権利を侵害されている当事者のために声をあげることがすなわちアドボカシーなんだと、胸に落ちました。

「声をあげる」ということで考えると、川でおぼれている子どもの例だけではなく、様々なことに適用できます。例えば、いじめを受けている子どもは、その子自身が声をあげられる場合もあるでしょう。しかし、たとえ声をあげられなくても、そのことに気付いた友達が話を聴き、先生に話をしに行こうとか、お父さんお母さんに話そうと、一緒に声をあげてくれるかもしれません。あるいは、養護教諭やスクールソーシャルワーカーなど学校の職員が気づいて一緒に声をあげてくれるかもしれません。そのことにより、いじめられている子どもが助かるかもしれません。いじめだけではなく、虐待とか貧困の中にいる子どもたちもそうかもしれません。そのように考えると、様々な権利を侵害されている子どもたちのために、当事者あるいは周囲の人が声をあげていくということがアドボカシーのベースになることがわかります。アドボカシーの本質は「声」ということです。

イギリスには国が定める「子どもアドボカシーサービス提供のための全国基準」（堀正嗣編著『イギリスの子どもアドボカシー――その政策と実践』明石書店、二〇一一年に収録）があります。その中に「アドボケイトは子どもの声である。そのことが子どもアドボカシーの価値の核心である」と書かれています。またイギリスでは市民団体が活発にアドボカシーを展開しており、全国規模の大手のアドボカシー団体の中にCORAM VOICEという団体があります。ウェールズには施設経験者の若者が中心になって活動しているVOICE FROM CAREという団体もあります。カナダでもユースによるOUR VOICE OUR TURNというムーブメントがあります。こうした影響を受けて、日本でも社会的養護経験者などにより、CVV（Children's Views and Voices）や、OUR VOICE OUR TURN JAPANという団体がつくられています。子どもの声をどう支援するか、これがアドボカシーの根本の意味だということが、これらの団体の名前にもあらわれています。

### ③アドボカシーの担い手

アドボカシーには本人を中心に様々な担い手があります。子どもアドボケイト養成講座は市民による独立アドボケイトを養成することを目的としていますが、親や地域住民などの身近なおとなや同じ立場にある子ども同士、そして専門職による業務の一環としてのアドボカシーもあります。こうした様々なアドボカシーの関係を理解するのに役立つのが、イギリスのウェールズで提唱されているアドボカシージグソー（**図表1**）という考え方です。

アドボカシーの担い手は、まず本人です。自分で自分の権利のために声をあげることを、セルフアドボカシーと呼んでいます。「子どもたちは自分では何もできない、力がない、だからおとなが守ってやらないといけない」というのは保護的な子ども観であって、子どもを権利の主体として尊重する子ども観ではありません。そのような考え方で子どもに接していくと、子どもはますます無力な状態に追いやられていくことになります。「子どもには自分で声をあげる力がある」ということを信じる

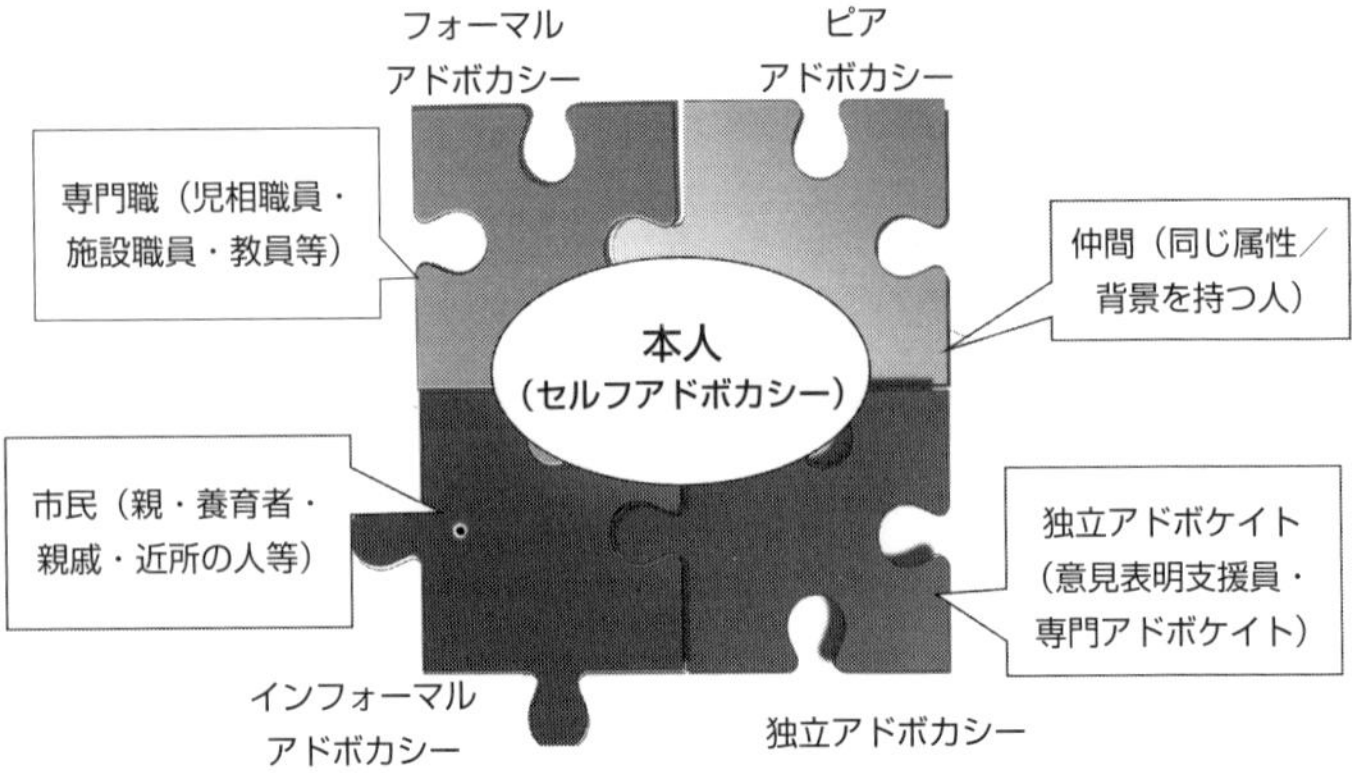


図表１　子どもアドボカシーの担い手（アドボカシージグソー）
WAG (2009) *A Guide to the Model for Delivering Advocacy Services for Children and Young People*, WAG. を栄留里美・堀正嗣が改変

ことが根本です。

本人の周りにいる家族、親戚などはアドボカシーという点では身近な人です。これらの人たちをナチュラルアドボケイトと呼びます。こうした人たちが行うのが、インフォーマルアドボカシーです。イギリスで子どもアドボカシーに長く取り組んできた方に伺った話ですが、「自分は車のことはわからない。だから買う時は夫についてきてもらって、このようなものが欲しい。そこまでの機能は要らない、もっと安いのがいいと言ってもらったりする、これもアドボカシーですよ」とおっしゃっていました。様々な場面でそのようなことを私たちはお互いに行っている訳です。

子どもの場合には、学校でいじめられているとか、権利侵害を受けている場合に、親が学校に行って申し入れをすることが多いと思います。これは子どもの声、子どもの権利を代弁しているという意味でインフォーマルアドボカシーなのです。

私たちおとなにも専門的なアドボカシーが必要な場合があります。例えば裁判に訴えられた場合、自分の意見を代弁してもらうために弁護士を頼まなければなりません。法廷では自分だけで自分の権利を守ることは難しいのです。一人では難しいものごとが私たちにはたくさんあります。そうした時には専門家に依頼します。こうした専門家が行ってくれるものをフォーマルアドボカシーと言います。

子どもの場合には、児童相談所等の職員はもちろんのこと、教員や保育士、施設職員、医師、看護師など子どもの身近にいる職員がフォーマルアドボカシーの担い手としての自覚をもつことが必要です。イギリスではソーシャルワーカーはもちろん、看護師の養成教育の中にもアドボカシーがしっかりと位置づけられています。しかし、日本ではまだ子どもに関わる専門職の養成教育に十分に浸透していません。

例えば施設で生活している子どもたちは、親からの支援を受けることが難しい状況に置かれています。施設で子ども同士の間でいじめを受けたり、職員から虐待を受けた時に親に助けてもらうことは困難です。そういった時に、施設で働いている社会福祉士や保育士、臨床心理士などがアドボカシーをしっかりと学んで、子どもたちの声を聞いて権利を守る活動をしていってくれないと困ります。

児童相談所などで働いている人たちも、子どもの声を聞いて、アドボカシーをしながら子どもたちの保護をしないといけない。それが児童福祉におけるアドボカシーの基盤です。その意味で施設や児童相談所でアドボカシーを学び推進しようとするところが増えてきているのはうれしいことです。

次にピアアドボカシーです。ピアというのは同じ背景をもつ仲間という意味です。同じ施設に入所している仲間、学校の同級生、部活の友達、いろいろな人がいます。施設で生活している子どもたちの場合には、施設経験のあるアドボケイトがとても重要です。大阪で行っている児童養護施設の訪問アドボカシーでは、児童養護施設で暮らした経験のある人たちにご協力いただきました。経験者の人たちにアドボケイトとして訪問してもらうと子どもたちの反応が全然違います。みんな自分の経験や悩みをいっぱい話してくれます。このことからピアアドボカシーの大事さがよくわかります。

それらに加えて必要なのが独立アドボケイトです。「アドボケイト養成講座」は独立アドボケイトを養成したいという目的でやっています。この講座を受けたみなさんには、子どもたちと接するいろいろな場でインフォーマル、フォーマル、あるいはピアアドボカシーをしてほしいのですが、同時に独立アドボケイトとしても活動してほしいと願っています。独立した第三者の市民が行っていく活動が、独立アドボケイトの活動です。学校の教員ではない、施設の職員ではない、外部の人であるという独立性がとても大事です。

しかし、いくらアドボケイトだけが頑張っても、職員が「子どもの意見を聴いて、尊重する」ことがなければ、子どもの権利侵害は解決しません。親などの身近なおとなや仲間のアドボカシーに加えて、子どもに関わる仕事をしている人たちがアドボカシーを学んで活用していけるようにならないといけないのです。そうした人たちと市民の独立したアドボカシーが力を合わせていくことで子どもの権利が守られるのです。

## ④子どもアドボケイトとは?

アドボケイトは子どもの声を大きくするマイクのような存在です。この比喩はイギリスではよく使われます。特に年齢の低い子どもたちにアドボケイトの役割について説明をする時に、おもちゃのマイクをもっていって、「わたしはあなたのマイクだよ」と言います。マイクというのは、声を大きくして伝えたい人に届けていく機械です。だから、私が思っていないことや言いたくないことを勝手にマイクが話すことはありません。アドボケイトも同じように、子どもたちが言いたいこと、話したいことを大きくしておとなに届けることが役割です。

大きくするということはとても大事だと思っています。子どもの声は小さいからおとなや社会に届かない、届いていないと思います。小さいという意味は、物理的に声が小さいということではなく、力が弱いという意味です。私たちの社会は、残念ながら「声の大きい人」、つまり権力のある人が動かしています。そうした中で、子どもたちの声は社会の中でとても弱く、小さいのです。

厚生労働省による子どもアドボカシー制度検討の動きが加速するようになったきっかけの一つが、二〇一九年一月に起きた栗原心愛さん（一〇）の虐待死事件です。心愛さんの事件では、教育委員会が父親の圧力に屈して、いじめアンケートのコピーを渡してしまったことが大きな批判を浴びました。声の大きなおとなの意向で物事が進み、子どもの小さな声は無視されてしまうことを象徴的にあらわす出来事でした。教育委員会も心愛さんの気持ちや意向を、知ってはいたが、軽く考えていたのです。心愛さんが子どもであり、マスコミや社会に訴えたり、裁判を起こしたりできなかったからです。もし子どもアドボケイトがいて、心愛さんの声を聴き支援をしていたら、こんなことにはならなかったのではないかと残念でなりません。

「子どもの言うことなんて」と無視する、頭ごなしに否定する。こうしたことが今までのおとなの社会の中で頻繁に行われてきました。そのようなことが繰り返されていると、子どもたちは無力感に陥ってしまって何も言わない、あきらめてしまって言えない、怖くて言えないとなっていきます。そのような状況に置かれている子どもの声を大きくしておとなに伝えていき、おとなたちに子どもの声を尊重してしっかりと考えてもらうようにするのが子どもアドボカシーの役割です。

# 第2講　子どもの権利条約と子どもアドボカシー

## ①子どもの権利条約の四つの柱

子どもアドボカシーの拠り所は、国連が一九八九年に採択した子どもの権利条約です。子どもの権利条約は、これまでの子ども観を転換した画期的なものでした。まず子どもの権利条約と子どもアドボカシーの関係についてお話ししたいと思います。

子どもの権利条約は、世界中の子どもの権利に関するＮＧＯが参加してつくられました。そして、①「生きる権利」、②「守られる権利」、③「育つ権利」、④「参加する権利」、の四つの柱からなる、三部五四条に及ぶ権利規定を行ったことが画期的な点でした。これは途上国から先進国までのすべての子どもの権利を包括的に規定したものであり、障害児や代替養育を受けている子どもなど不利な立場の子どもの権利保障をも求める素晴らしいものです。

子どもアドボカシーは四つ目の柱「参加する権利」に関わるものです。特に、「自分の関係のある事柄について自由に意見を表すことができる」という一二条の意見表明権が拠り所となります。この一二条がどういう条文なのかを確認しておきたいと思います。まず第一項です。

1. 締約国は、自己の意見を形成する能力のある児童がその児童に影響を及ぼすすべての事項について自由に自己の意見を表明する権利を確保する。この場合において、児童の意見は、その児童の年齢及び成熟度に従って相応に考慮されるものとする。

「児童に影響を及ぼすすべての事項について自由に自己の意見を表明する権利」は大事です。子どもたちはみんな考え、それを表現する力をもっています。様々な機会に様々な事柄に対して、子どもたちは意見を表明しています。たとえば晩御飯のおかずやお小遣いの額、門限、家族旅行の行先、休日の過ごし方などの日常生活に関わることから、就学する学校や進路、治療や手術、虐待などで保護される際の措置や援助のあり方、学校や施設での規則、自治体が定める条例、国会が制定する法律、さらには憲法改正の是非に至るまで、あらゆることに対して子どもは希望や意見をもっており、それを表明しています。おとなはそれに耳を傾け、子どもの意見を考慮して物事を決めなければなりません。ところがおとなは「子どもの意見なんて」と取り合わないことがあります。これが子ども差別（英語でアダルティズムといいます）の意識です。このような態度を改めることをこの条文は求めているのです。

一方「自由に自己の意見を表明する権利がある」と言われても、いじめられたり、虐待を受けたりしている子どもたちが、おとなに対して助けを求めたり、声をあげて「やめてほしい」「変えてほしい」と言うことができるかというと、なかなか難しい現実があります。ＣＡＰ（子どもへの暴力防止プログラム）から学びましたが、暴力や虐待、権利侵害を受けている子どもたちほど無力化されてしまって、「自分には何もできない」と思い込んでしまう傾向があります。酷い権利侵害を受けている子どもたちほどそうだと思います。また声をあげても真剣に受け止めてもらえなかったり、報復を受けてさらに深い心の傷を負った子どもたちもいます。こうした子どもたちはますます声があげられなくなっていきます。こうしたことを考えると、声をあげて相談できるのは力のある子どもたちで、権利侵害を受けている多くの子どもたちにはなかなか難しいと思います。

次に第二項には次のように書かれています。

2．このため、児童は、特に、自己に影響を及ぼすあらゆる司法上及び行政上の手続きにおいて、国内法の手続き規則に合致する方法により、直接に又は代理人、若しくは適当な団体を通じて聴取される機会を与えられる。

私が子どもアドボカシーのことを考え始めたきっかけは、一九九七年にカナダのオンタリオ州の子ども家庭アドボカシー事務所所長のジュディ・フィンレィさんのお話を聞いた時でした。当時私が副所長をしていた社団法人子ども情報研究センターが招聘したのです。フィンレィさんは「大事なのは、子どもたちには『聴かれる権利』があるということだ」ということを強く話していました。この「聴かれる権利（Right to be Heard）」という言葉が印象に残りました。これが第二項に関わることです。「聴取される機会を与えられる」と書いてありますが、これは「聴かれる機会が保障されなければならない」と言い換えることができます。子どもが意見を表明する権利を実際に有効に働かそうというのなら、重要な決定を行う際に、おとなの側から子どもの意見を聴く機会をつくることが必要です。特にいろいろな手続きなど、難しいことは子どもたちにはわかりません、いまどういう状況に置かれていて、どういう権利があって、何ができるのかという情報を子どもたちに提供していきながら、子どもの気持ちを聴いて一緒に考えてくれる人がいなければ第一項は実現しないのです。

例えば、虐待などで保護された際に、施設で生活するのか、里親家庭で生活するのか、おばあちゃんと一緒に住むのか、自宅に帰るのか、など様々な選択肢があります。どうしたいのかを子どもは「聴かれる権利」があります。罪を犯した子どもには、少年審判や児童相談所の措置決定の際に、「聴かれる権利」があります。両親の離婚や別居の際にも、子どもは誰とどこで暮らしたいのかを「聴かれる権利」があります。

このように第二項の「聴かれる権利」は第一項を実現するために不可欠のものなのです。この第一二条の意見表明権に基づいて、世界中で子どもアドボカシーは行われています。

## ②子どもは「守られる権利主体」

では「生きる権利」「守られる権利」「育つ権利」「参加する権利」の中でどれが一番大事なのでしょうか。子どもの意見表明権を定めた第一二条と他の権利はどんな関係になっているのでしょうか。次にこのことを考えてみましょう。

「生きる権利が一番大事だ」、「守られる権利が一番大事だ」、あるいは「育つ権利が……」、と様々なご意見があると思います。子どもの権利のことを長年追求してきた斎藤次郎さんの言葉に「子どもは守られる権利主体だ」というものがあります。これはとてもわかりやすいと思います。

「子どもは権利行使主体だ」と子どもの権利条約では言っています。子どもは自由に自分の意見を言えるし、集まったり、グループを作ったり活動したりすることができる。また様々なことを自分で決めることができるし、おとなと一緒に社会を創っていく一人の市民です。おとなと子どもはそういう意味でまったく対等平等の同じ一人の人間として尊厳をもっています。だから「女、子どもは黙っていろ」という日本の文化の中で、「子どもも一人の人間としておとなと対等平等の存在なのだ」としたところに子どもの権利条約の画期的な意義がありました。そこから初めてアドボカシーが始まるのです。

しかし同時に、子どもはおとなによって守られる存在でもあるということも事実です。守られる存在だということと権利行使主体であることを常に両立させなくてはいけないということが子どもの権利の独自性だと思います。

児童福祉は守られる権利に関わることです。しかし、例えば虐待から子どもを保護する場合であっても、子どもの意見や気持ちを尊重しなければなりません。意見や気持ちを聴かず、何が何だかわからないうちに一時保護所に入れられて、ここは一体どこなのか、これからどうなるのかさっぱりわからないうちに自分の行く施設が決まって、いきなりそこに連れて行かれてしまう。例えばそういうことだったら子どもたちは不安だし傷つくし、おとなを信用できないと思ってしまいます。

これは実は多くの子どもたちが経験していることです。イギリスの子どもも、「おとなの都合であちこち連れて行かれて自分は操り人形みたいに感じた」と書いています。「自分の人生の外側にいること」という社会的養護を経験したヘレンという子どもの詩にある言葉です。イギリスの「子どもアドボカシーサービス提供のための全国基準」の第一ページ目にこの詩が載っています。子どもの声から始めるというのがイギリスの政策の素晴らしいところです。

日本でも多くの子どもたちが同じように感じています。次のような子どもの声があります。

ある日、朝起こされて、いきなり車に乗せられて、職員に「三日で戻ってこられるから」と言われて、一時保護所に連れて行かれました。それなのに、一時保護所に着いたら、「一か月は帰さない」と言うんです。……中略……僕の方も「こいつには何を言っても無駄だ」と諦めているので、理由を問いただしたりする気持ちにもなりません。（久保田潤（2003）「規則は押しつけられるものではないはず」「子どもが語る施設の暮らし」編集委員会編『子どもが語る施設の暮らし2』明石書店、107頁）

こうした子どもの声は、常に子どもの「意見表明権」、「参加する権利」を同時に考えながら、「守られる権利」をしっかりと保障していかなくてはいけないということを示しています。「育つ権利」も同じです。校則をおとなが勝手に決めて「こうしなさい、ああしなさい」と押し付けていくやり方や、一方的に「こういう教育内容なのだからお前たち覚えろ」とやっていくようなやり方は、「参加する権利」をまったく無視したやり方です。学校教育の中でも子どもたちが「育つ権利」（教育を受ける権利）と、「参加する権利」を同時に保障しなければならない。子どもの声をもとにして教育も保育もつくっていかないといけない。児童館や学習支援などすべての子どもの施設で、どれだけ子どもたちの声が尊重されているか、子どもたちが参加しているか、そこが重要です。

「権利の総合保障」という言い方があります。あらゆる権利の中に、子どもの権利主体性や参加する権利、すなわち子どもの権利条約第一二条の「子どもの意見表明権」が常にしみとおっていないといけないということです。ところが残念ながら日本ではそこが弱い。おとなが決めたことに従うことを子どもたちは強いられている。「守られる権利主体」ではなく、「守られる存在」、「保護される存在」になってしまっていることがあまりにも多い。そのうえ保護すらされていない子どもも大勢いるのが現状です。

### ③子どもの「意見及び気持ちの尊重」

子どもアドボカシーの基盤でみなさんに考えていただきたいことがあります、子どもの権利条約の中に「締約国は自己の意見を形成する能力のある児童が」と書いてありますが、これをどう考えるかです。どういう子どもたちだと思いますか。

子どもの権利条約が批准されたころ、教職員の集まりで、ある講師が「批准されて意見表明権が入ったといって心配することはありませんよ。ここに『自己の意見を形成する能力のある児童』とありますから。そういう子どもたちは中学生や高校生でしっかりした子どもたちだけですよ。だから大丈夫ですよ」と言って大問題になったことがあります。そういう理解をする人も出てくる恐れがある書き方ですよね。

国連の子どもの権利委員会が、条約をどういう風に理解したらいいかについてのガイドラインを出しています。各国各人がばらばらにこの条約を解釈すると収拾がつかなくなり、条約の趣旨が捻じ曲げられてしまいかねません。そこで各国政府が遵守すべき解釈のガイドラインを出しているのです。その一つに「一般的意見7号（二〇〇五年）乳幼児期における子どもの権利の実施」があり、意見表明権については次のように書かれています。少し長く引用しますが、じっくり味わってください。

14．乳幼児の意見および気持ちの尊重　第一二条は、子どもが、自己に影響を与えるすべての事柄について自由に意見を表明し、かつその意見を考慮される権利を有すると述べている。この権利は、自己の権利の促進、保護および監視に積極的に参加する主体としての乳幼児の地位を強化するものである。乳幼児の――家族、コミュニティおよび社会への参加者としての――行為主体性の尊重は、しばしば見過ごされ、または年齢および未成熟さにもとづいて不適切であるとして拒絶されてきた。多くの国および地域において、伝統的考え方にもとづき、乳幼児が訓練および社会化の対象とされる必要性が強調されている。乳幼児は、未発達であり、基礎的な理解力、意思疎通能力および選択能力さえないと見なされてきた。乳幼児は家庭において無力であり、社会においてもしばしば声を奪われ、目に見えない存在とされている。委員会は、第一二条は年少の子どもと年長の子どもの双方に適用されるものであることを強調したい。もっとも幼い子どもでさえ、権利の保有者として意見を表明する資格があるのであり、その意見は「その年齢および成熟度にしたがい、正当に重視され」るべきである（第一二条一項）。乳幼児はまわりの環境にきわめて敏感であり、自分の生活を彩る人々、場所および日常についての理解を、自分に固有のアイデンティティに関する意識とともに急速に獲得していく。乳幼児は、話し言葉または書き言葉という通常の手段で意思疎通ができるようになるはるか以前に、様々な方法で選択を行ない、かつ自分の気持ち、考えおよび望みを伝達しているのである。（平野裕二訳）

「もっとも幼い子どもでさえも権利の主体者として意見表明権の保障の対象である」と明確に書いてあります。もっとも幼い子どもとは生まれたばかりの赤ちゃんのことです。生まれたばかりの赤ちゃんは、確かに言葉で自分の意見を表現することはできないかもしれません。けれども、泣いたり笑ったり、緊張して体を固くしたりいろいろな形で周りに気持ちを表現しています。その気持ちをしっかりと受け止めていくことによって、子どもたちは何を求めているのかということを理解する努力をしていかなくてはならない。これが乳幼児の「聴かれる権利」です。

また「意見及び気持ちの尊重」が必要だと子どもの権利委員会は言っています。おとなもそうですが、言葉ではっきり意見として表現できる前に、「怖い、悲しい、嫌だ、うれしい、よかった」というような気持ちがあります。気持ちが意見を形成していく一番の根っこの大事な部分です。

後にお話ししますが、私たちは障害児施設で言葉を話さない子どもたちのアドボカシーに取り組んでいます。言葉を話さない子どもたちもいろいろな形で気持ちを表現しています。問題はそれをしっかりと聴くことができるおとながいるかどうかということです。そういうおとなに私たちはなりたいと思っています。

乳幼児も障害児も、すべての子どもたちが意見表明権の主体であり、おとなは子どもたちの声をしっかりと聴いて考慮する責任があります。にもかかわらず、日本政府は何度も国連子どもの権利委員会から勧告を受けています。例えば「第三回日本政府定期報告書」（二〇一〇年）に対する総括所見では、「児童相談所を含む児童福祉サービスが子どもの意見をほとんど重視していない」、「学校において子どもの意見が重視される分野が限定されている」など、意見表明権が日本では尊重されていないことが繰り返し勧告されています。「委員会は、権利を有する人間として子どもを尊重しない伝統的な見解のために、子どもの意見の重みが深刻に制限されていることを依然として懸念する」、このようなことを繰り返し勧告されているのです。

### ④改正児童福祉法（二〇一六年六月三日公布）

あまりにも遅いけれども、二〇一六年六月三日に児童福祉法が改正され、第一条に「すべての児童は、児童の権利に関する条約の精神にのっとり」と入りました。やっとですが、よかったと思います。児童憲章や児童福祉法などの今まで日本にある法律では、子どもは「保護される存在」という枠組みでした。児童憲章の有名な前文に、「児童は人として尊ばれる、児童は良い環境の中で育てられる、児童は社会の一員として重んじられる」とあります。歴史的には児童憲章は大きな役割を果たしましたが、育てられたり重んじられるという受身の書き方であって、おとなによってそのような扱いを受ける対象という子ども観だったことがわかります。また学校教育法は子どもを教育の対象ととらえていて、子どもたちに対して上から教育を強制していくような性格が強いと思います。こうした状況の中で、児童福祉法の中にやっとこれが入ったことは、日本の法律上画期的なことです。

児童福祉法の第二条に「児童の年齢及び発達の程度に応じて、その意見が尊重され、その最善の利益が優先して考慮され、心身ともに健やかに育成されるよう努めなければならない」と意見表明権が入りました。すべての子どもに関する福祉政策の根幹になっている法律なので素晴らしいと思います。ただ、やっと法律に入ったけれど、実際これをどのように現実のものとしていくかはこれからのことになります。

私はイギリスの子どもアドボカシーを研究してきました。二〇〇九年から一〇年にかけてイギリスに滞在してこのことについて研究しました。その時に、素晴らしいと思ったのは、第一二条の意見表明権に基づいて子どもの意見をしっかり聞いて、それが尊重されるようにしていくということをあらゆる場で、あらゆる子どもたちに対して行っていることでした。乳幼児や障害児に対しても一人ひとり丁寧に寄り添って行っている。言葉を話さない障害のある子どもたちにもアドボケイトが訪問して子どもたちの声を聴いて権利を守る活動を行っている。本当に感動しました。言葉を話さない子どもたちの声をしっかり聴いて権利が守られる社会であれば、それ以外の子どもたちの声も聴かれて権利が守られる社会になっていくと感じました。イギリスではそのような仕組みができて、若者や市民が参画して活動が行われています。これを日本に取り入れることで日本の子どもの権利も守られるのではないかと考え、この活動を一生懸命やっています。

# 第3講　イギリスの子どもアドボカシーから学ぶ

## ①イギリスアドボカシー政策の確立

イギリスは子どもアドボカシーが最も発展している国です。ここではその概略をお話ししたいと思います。さらに詳しく知りたい方は『イギリスの子どもアドボカシー――その政策と実践』（堀正嗣編著、明石書店、二〇一一年）をお読みいただければ幸いです。

イギリスで最も長い伝統をもつ民間団体であるＮＳＰＣＣ（全国児童虐待防止協会）は一八八四年に設立されました。実に一三〇年以上前から活動しているのです。ＮＳＰＣＣの設立当時の活動は親から虐待を受けている子どもを救うために裁判を起こしたり、シェルターで保護したりするとともに、児童虐待防止保護法（一八八九年）の制定のためのロビー活動を行うなど社会的なものでした。イギリスは世界でも先進的な児童虐待に対する法律や制度、実践がありますが、ＮＳＰＣＣの活動の影響が大きいのです。また、各地方に支部があり、チャイルドラインを運営したり、いろいろなサービスを子どもや親に提供しています。

図表２　イギリスアドボカシー政策の確立

| 年 | 事項 |
|---|---|
| 1991年 | 子どもの権利条約批准 |
| 1997年 | 労働党ブレア政権（政権交代） |
| 1998年 | クオリティ・プロテクツ開始（3年計画・更に2年延長）<br>『ロスト・イン・ケア』発表 |
| 2000年 | ビクトリア・クリムビエ事件 |
| 2001年 | ウェールズ子どもコミッショナー設置 |
| 2002年 | 改正児童法により地方自治体にアドボカシーサービス提供を義務付け |
| 2002年 | 保健省『子どもアドボカシーサービス提供のための全国基準』発表 |
| 2003年 | 北アイルランド子どもコミッショナー設置 |
| 2004年 | スコットランド子どもコミッショナー設置 |
| 2005年 | イングランド子どもコミッショナー設置 |

作成：著者

イギリスには、ＮＳＰＣＣ以外にも、チルドレンズソサエティやバーナードといった歴史のある全国規模の民間団体があります。また各地域独自の民間団体は無数にあります。さらには社会的養護を必要とする子ども自身の運動や彼らへのアドボカシーの活動が一九七〇年代から始まっています。こうした団体は主として企業や個人の寄付とボランティアによって活動しています。多くの市民が子どもの権利を守る活動に積極的に参加し、力強い活動をしていることに私は感銘を受けました。こうした団体が、子どもや親を支援するだけでなく、研究活動を行ったり、ロビー活動やキャンペーンによって法律や制度をつくるように国や自治体に働きかけているのです。このような団体は、制度化されるはるか以前から、子どもアドボカシーの活動も行ってきました。市民の参画が、イギリスの福祉社会をつくってきたと言っていいでしょう。

イギリスは一九九一年に子どもの権利条約を批准しました。そこから子どもの意見表明権を重視して、実際にそれをどう取り入れていくか議論が始まりました。一九九七年に労働党に政権が変わりました。労働党は教育を最優先課題の一つに掲げて、教育・福祉問題の背景にある貧困問題にも力を入れました。さらに、社会的養護を必要とする子どものケアの質向上を目指したクオリティ・プロテクツ（サービスの質向上プログラム）を一九九八年から約五年間取り組みました。このプログラムの中では、「ケアの質の向上のためにはサービスを利用する子ども自身の声を聴くことが不可欠である」とされました。それに伴いアドボカシーサービスを民間団体に委託するか自ら直接提供する自治体が増えてきたのです。

一九九九年にウェールズの児童養護施設で長年にわたる激しい虐待がつづいてきたことが発覚しました。「沈黙のカルト」という言葉が使われていますが、閉鎖的な空間の中で子どもたちは誰にも訴えることができないまま、ずっと虐待が続いてきたのです。どうしたら良いか問題になり、調査報告書も出されました。そこでは第三者の目が入らない閉鎖性が大きな問題だと言われました。

二〇〇〇年にはビクトリア・クリンビア事件という虐待の事件が起きました。八歳の子どもが大叔母とその同居人によって、長期にわたる虐待の上殺害された事件でした。全身に一二八カ所の傷害がある等の凄まじい虐待がありました。また多くの関係機関が関わったにもかかわらず殺害を防げなかったことが社会に衝撃を与えました。なぜなのか徹底した究明が行われました。

このような中でわかってきたのは、施設や家庭やいろいろなところでの子どもたちの虐待を防ぎ権利を守っていくには、外部の第三者によるアドボカシーが必要であるということです。まず取り組まれたのは、イギリスには四つの地域がありますが、各地域に子どもコミッショナーを設置するということでした。子どもコミッショナーは、子どもオンブズパーソンと言われているものと基本的には同じ仕組みです。例えばイングランドではロンドンに事務所があり、そこに子どもコミッショナーがいます。その人のもとに二六人のスタッフがいて、子どもの声を聴くことや政策についての調査、子どもについて重大事件が起きた時の調査、マスコミに出て子どもの立場から意見を述べるなど、子どもの権利を社会の中に根付かせていく活動を強力に展開しています。子どもに関する政策を変えていくために社会全体の世論を喚起していく役割がとても重要です。

子どもコミッショナーは、国全体の子どもの権利の守り手として強力な権限があるのでいろいろな調査などが可能です。こういった全体を見渡す役割の強力な権限を持った権利譲渡機関をつくることに加えて、二〇〇二年には地方自治体にアドボカシーサービスの提供を義務づけました。同時に「子どものアドボカシーサービス提供のための全国基準」を発表しました。大変に素晴らしいものです。地方自治体にアドボカシーサービスの提供を義務付けるという部分は、一人ひとりの子どもたちに寄り添い、声を聞き、その声を支援することを目的としているわけです。

## ②システムアドボカシーと個別アドボカシー

アドボカシーを政策提言という意味で理解してこられた方も多いと思います。確かに子どもの権利、女性の権利、障害者の権利など人権の問題と関わって政策の不備な部分を改善したり、新しい制度や地域を作っていくことは市民社会にとって重要な役割です。これをシステムアドボカシーと呼んでいます。

一方で車の両輪としてあるのが個別アドボカシーです。これは一人ひとりの当事者の権利について

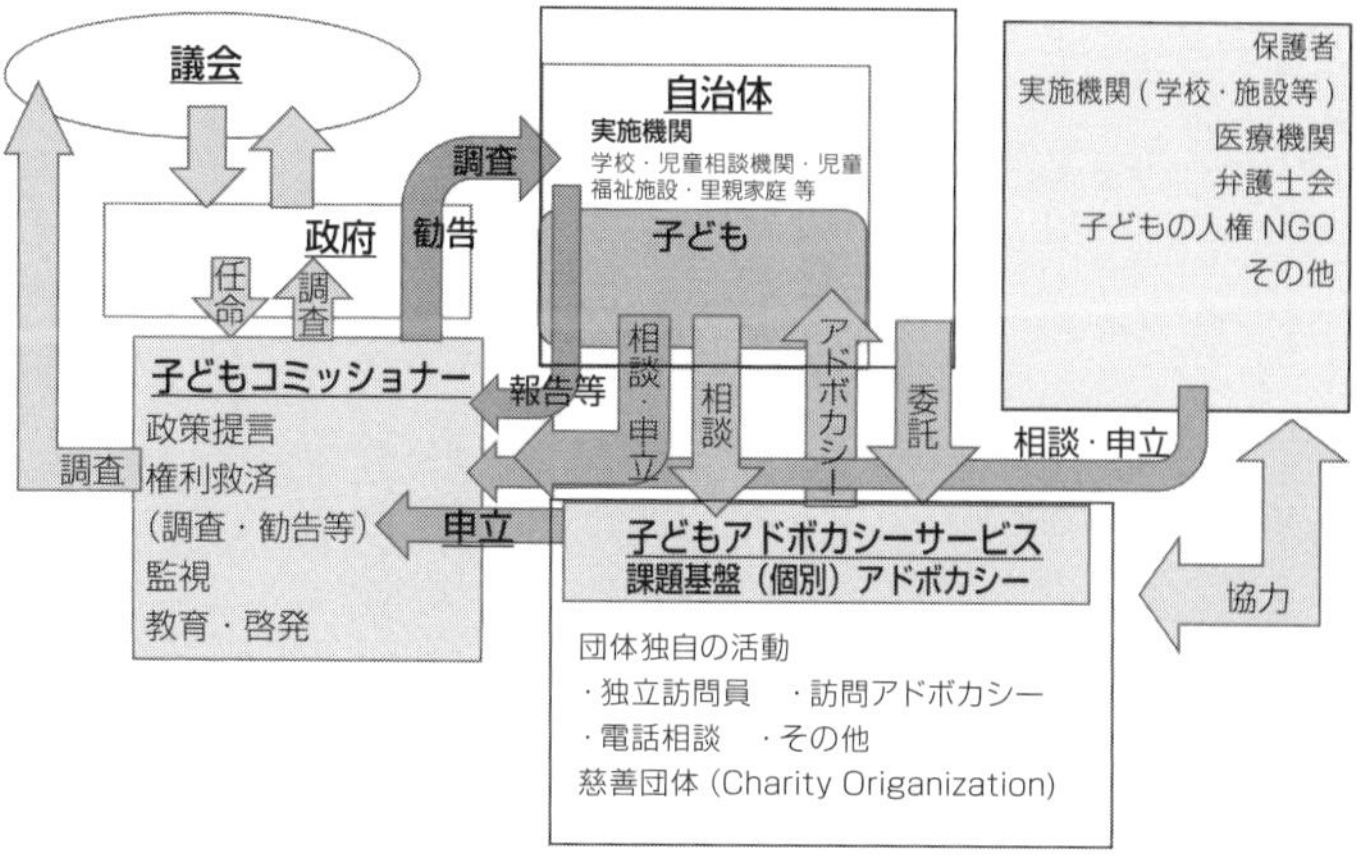


図表３　イングランド・ウェールズにおけるアドボカシー制度の全体像
作成：著者

支援していく活動です。子どもの場合には、例えば施設でいじめを受けた、虐待を受けた、学校でいじめを受けた、ハラスメントを受けた、あるいは気持ちを全く聞いてもらえない、自分はこうしたいのに拒否されてしまった、などがあった時に、一人ひとりに寄り添って声を聴き、意見や願いが実現するように支援していく活動です。

個別アドボカシーの経験から、制度の不備が明らかになります。それにもとづくシステムアドボカシーによってシステムが変わることで一人ひとりの子どもたちの権利、アドボカシーが進むことになります。この循環をつくっていくことが重要で、左側をイギリスでは子どもコミッショナーが担い、右側の個別アドボカシーをアドボカシーサービスとして市民が担っているのです。その仕組みを**図表3**にまとめました。

私は、カナダのオンタリオ州の子どもアドボカシー事務所や北欧のオンブズパーソン、イギリスの子どもコミッショナーなどいろいろな国の権利擁護機関を訪問しましたが、イギリスで素晴らしいのが子どもコミッショナーによるシステムアドボカシーに加えて、個別アドボカシーを徹底して行っているところです。オンブズパーソンはいろいろな国で設置されていますが、制度として市民が参画して個別アドボカシーを徹底的に行っているところはイギリスしかありません。そこから学ぶことが大きいと思います。

## ③イギリスの子どもアドボカシー制度から学ぶもの

次に図表4を見てください。イングランド・ウェールズの独立アドボカシーサービスの概要を示しました。各地域にいろいろなアドボカシー団体があります。大きなネットワークをもっている全国規模のものもあれば、地方にある小さなNPOもあります。いろいろな団体が、行政から委託を受けてこのサービスを提供しています。主に社会的養護の子どもたちが対象ですが、ウェールズではそれ以外の子どもたちにもアドボカシーが届くようにしています。ウェールズが一番進んでいると思います。

子どもアドボカシーの内容は、大きく分ければ二つあります。一つはソーシャルサービスや行政機関における公式の会議でのアドボカシーです。福祉の場合、子どもの処遇を決める会議はとても重要な意味を持っています。例えば施設に入所している子どもたちには、家に帰って親と暮らせるのか、あるいは里親家庭で生活するのか、親族に育ててもらうのか、もっと他の自分の状況にあった施設で生活するのか、いろいろな選択肢があります。こうしたことを決めているのは、日本では児童相談所です。イギリスはこうした重要な決定に際して子ども自身が会議に参加して、子どもの声を聴いてそれを尊重して関係するおとなが協議し、最終的には裁判所が決めていくという仕組みがとられていま

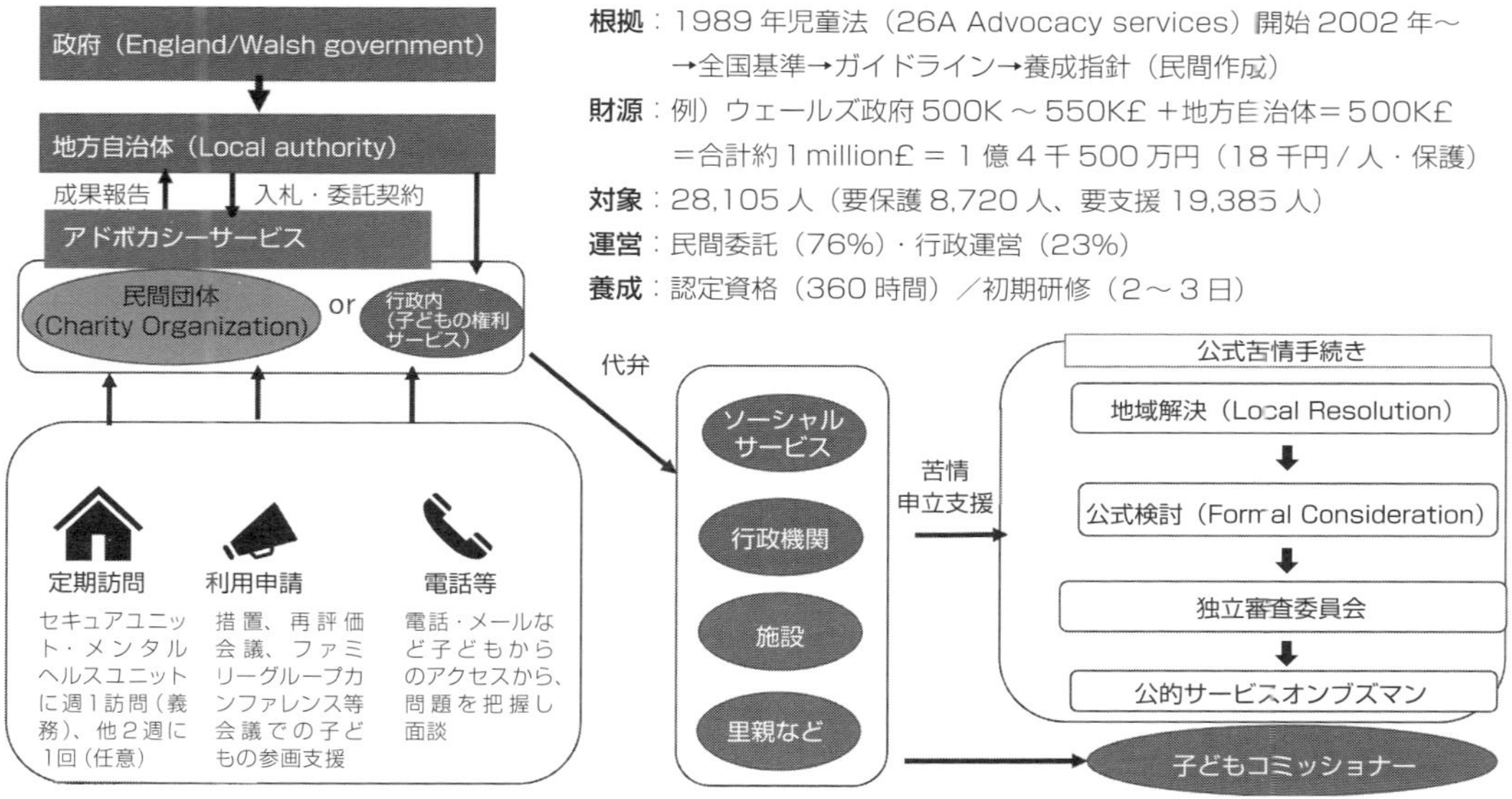
政府（England/Walsh government）
地方自治体（Local authority）
成果報告
入札・委託契約
アドボカシーサービス
民間団体（Charity Organization）
or
行政内（子どもの権利サービス）
定期訪問
セキュアユニット・メンタルヘルスユニットに週1訪問（義務）、他2週に1回（任意）
利用申請
措置、再評価会議、ファミリーグループカンファレンス等会議での子どもの参画支援
電話等
電話・メールなど子どもからのアクセスから、問題を把握し面談
代弁
ソーシャルサービス
行政機関
施設
里親など
苦情申立支援
公式苦情手続き
地域解決（Local Resolution）
公式検討（Formal Consideration）
独立審査委員会
公的サービスオンブズマン
子どもコミッショナー
根拠：1989年児童法（26A Advocacy services）開始2002年〜
→全国基準→ガイドライン→養成指針（民間作成）
財源：例）ウェールズ政府500K〜550K£＋地方自治体＝500K£
＝合計約1million£＝1億4千500万円（18千円／人・保護）
対象：28,105人（要保護8,720人、要支援19,385人）
運営：民間委託（76%）・行政運営（23%）
養成：認定資格（360時間）／初期研修（2〜3日）

図表4　イングランド・ウェールズの子どもアドボカシーサービス
作成：栄留里美・堀正嗣

す。その時に子どもの意見表明を支援するためにアドボカシー制度が創られたのです。

また施設や里親家庭で生活する子どもたちは、日常生活上の様々な悩みや困りごと、苦痛を感じることがあるかもしれません。虐待やいじめを受けた子どももいます。施設の規則や生活に不自由さや息苦しさを感じている子どももいます。職員の言葉かけや支援のあり方に傷ついたと感じている子どももいます。そうしたときに、施設職員等に意見を伝え改善を求めることを支援するアドボカシーがあります。こうした代替養育等における日常生活上の意見表明の支援が二つ目のアドボカシーの内容です。

三つ目が不服申立の際のアドボカシーです。施設の中でいやな扱いを受けているので改善してほしい、施設を替わりたい、家に帰りたい、など希望を訴えても、受け入れてもらえない。そうした際には、公式の苦情解決手続きを利用することができます。その際に子どもが希望すれば必ず支援し、しっかり子どもの声が反映されるようにしていきます。

私は、会議の際のアドボカシーが一番重要だと思っています。子どもの人生を左右する重要なことが決まる時に、子どもの声がしっかり入らなければならないからです。今、仲間と大阪で行っているアドボカシー活動では、児童養護施設と障害児施設で生活する子どもたちの児童自立支援計画・個別支援計画に子どもの声、意見、願いをしっかりと盛り込んでいくための子どもの意見表明支援を行っています。これらに加えて、児童相談所の措置に関する会議や児童福祉審議会への申し立てなどの子どもの人生を左右する重大な意思決定の際に、アドボケイトによる支援を得られるようになることを願っています。

さてイギリスでは、職員として対象別に専門のアドボケイトが置かれています。障害児の専門アドボケイト、メンタルヘルスの専門アドボケイト、非行の専門アドボケイト、弁護士など様々なアドボケイトがいます。専門アドボケイトは常勤ですが、加えてパートタイムのアドボケイトがたくさんいます。イギリスの仕組みは、事務局職員や専門アドボケイトを含めて、コアになるスタッフは専門知識や技能をもっていて、企業と同じような待遇で安定した生活ができるようになっています。その周りに多くの非常勤のアドボケイトがいます。しかし同一労働同一賃金なので安く行政につかわれるようなことはありません。行政のソーシャルワーカーと同等の賃金が支払われています。さらに、そのまわりにボランティアがいて、たくさんの人の力で動かしています。

国のガイドライン「子どもアドボカシーサービス提供のための全国基準」があります。アドボケイトはこれを実践できる人でないといけないので、その基準を元に各団体が研修をして養成しています。一三五時間に及ぶ講座を受けて取得できる「子どもアドボカシー職業資格」もあります。職業資格を取ることが推奨されていますが、現状はなくても仕事ができます。知的障害者や精神障害者のアドボカシーは資格がないと行うことができません。イギリスでは、子どもアドボカシーもそのようにすべきだという意見があります。

アドボケイトにはいろいろな経歴の人がいます。「アドボケイトがしたいから」とソーシャルワーカー(児童相談所の児童福祉司のような仕事です)を辞めてくる人もいます。ソーシャルワーカーは子どもの側に純粋に立つことができないからです。子どもが「いやだ」といっても、アセスメントの結果必要であれば保護しないといけないとか、組織の都合、関係機関の都合にも配慮して動いてしまうことがあるかもしれません。だから純粋に子どもの側に立ちたい、子どもの権利のために働きたいと辞めてくる人もいるのです。

アドボカシーで一番大事なことは傾聴です。しっかりと子どもの声を聞ける人、子どもといい関係が築ける人、子どもと対等な関係でうまくやっていける人が一番大事で、いくら大学で専門的な研究をした人でも、そういうことができない人はアドボケイトにはなれません。

# 第4講　子どもアドボカシーの四理念

子どもアドボカシーは、子どもの権利を実現するための子ども自身と市民の運動（「子どもの権利運動」と言います）から生まれ、欧米の研究者が理論化しました。さらにそれを各国政府が制度化することにより、全世界に広がってきたのです。こうした過程で、子どもアドボカシーの拠り所となる理念が明らかにされてきました。これは子どもアドボカシー実践の依拠する価値観（世界観）を指し示すものでもあります。それに基づくことがなければ、現象的にはアドボカシーのように見えても、実質的には異なるものになっています。私はそれらの理念を四つにまとめて、それに依拠したアドボカシーをつくり出すことを提唱しています。

## ①理念1――アドボカシーの本質としてのセルフアドボカシー

理念の一つ目は、「アドボカシーの本質はセルフアドボカシー」ということです。アドボカシーには「セルフアドボカシー」と「代理人によるアドボカシー」という二つの大きな類型があります。代理人によるアドボカシーとして一番わかりやすいのが弁護士です。私たちは裁判の時に必ず弁護士に依頼します。専門家以外には法律のことはよくわからないので、法廷で自分の権利を守れるようにうまく話せる人はほとんどいないわけです。そこで自分の代わりに代理人として弁護士に語ってもらうわけです。これが代理人によるアドボカシーです。

福祉の世界では、保護者やソーシャルワーカーのような第三者が中心になって代弁する形が一般的でした。代理人によるアドボカシーにも二つの型があります。一つはパターナリズムのアドボカシーです。私は障害学の研究をやっていますが、「障害のある子どもたちは自分では何もできない、わからない。だから代わりに言ってあげないといけないんだ」と言って、専門家や家族が権利主張してきたのが、特に一九七〇年代までの歴史でした。しかしそれは本当に本人が望んでいたことだったのかという疑問があります。

戦後日本の障害者運動では、家族や専門家が入所施設の整備と養護学校義務化を求めて運動をしてきました。子どもが生涯安心して暮らせる場としての施設と、専門的な教育・訓練が受けられる場としての養護学校を求めてきたのです。その結果、一九六〇年代には全国でコロニーと呼ばれる大規模施設がつくられ、多くの障害者が入所しました。また一九七九年には養護学校義務化が行われ、重度障害児の保護者に子どもを養護学校に就学させる義務が課せられるようになりました。

ところが、一九七〇年代になると、障害当事者が本格的に声をあげ始めます。彼らは、「施設や病院で辛い思いをしてきた」、「そんなところには入りたくなかった」、「当たり前にみんなと同じように地域で暮らしたかった」、そういう風に訴えたのです。また実際に養護学校で子ども時代を送った重度障害者の中から、「地域の学校に行きたかった」、「子ども時代を奪われた」、「養護学校は隔離の場だ」という声が上がり、義務化反対の運動が展開されました。そうした中で、脳性麻痺者の団体である「青い芝の会」の障害者たちは、「親は最大の差別者」という激烈な言葉を残しています。親が子どもにとって良かれと思うことと、子ども自身が望んでいることが正反対になってしまうこともあることを私たちはこの訴えから学びました。

そういった声によって、パターナリズムに立った「代弁」の間違いに気づいた親やソーシャルワーカーや弁護士や支援者、介助者はたくさんいます。私もその一人です。彼らは当事者の声を中心にして支援をしていこうという風に変わってきました。渡辺一史さんが書いた『こんな夜更けにバナナかよ』（北海道新聞社、二〇〇三年）という素晴らしいノンフィクションがあります。映画にもなりましたので、ぜひ見ていただきたいと思います。夜中に「バナナ食べたい」と起こされた介助者が「こんな夜更けにバナナかよ」と憤る。でも「当たり前だよな」、と思うようになっていく。そういう話です。重度障害の当事者の周りに多くの介助者が集まり、その中でみんなが支えあっていく姿が描かれています。

実は私も学生時代に障害者の介助をしていました。本や映画に描かれているように、当事者の思いを聴いてみんな変わっていって、そして当事者の声に寄り添ってみんなで声をあげていく、そういう世界を経験しました。そこでアドボカシーの本質はセルフアドボカシーで、当事者の声をしっかりと支援することが第三者のアドボケイトの役割だということを教えられました。

このことは、障害者運動だけでなく、フェミニズムからも教えられてきたことです。「女性にはこうしてあげた方がいい」と男性が言い行ってきたことは大体間違っていました。そういうことをやっている限りは女性の権利は絶対に守られないというのが教訓です。要するに男性にとって都合のいい形でしか女性は扱われない。女性自身が声をあげることで女性の権利を確立してきたのが歴史です。男性はその告発を受け止めて自分を変革しなければ、女性の味方（アライ）として認めてもらうことはできません。

こうした運動の原点は、日本では部落解放運動です。水平社宣言には次のように書かれています。

過去半世紀間に種々なる方法と、多くの人々によつてなされた吾らの爲めの運動が、何等《なんら》の有難い効果を齎《もた》らさなかつた事實は、夫等《それら》のすべてが吾々によつて、又他の人々によつて毎《つね》に人間を冒涜されてゐた罰であつたのだ。そしてこれ等の人間を勦《いたわ》るかの如き運動は、かへつて多くの兄弟を堕落させた事を想へば、此際《このさい》吾等《われら》の中より人間を尊敬する事によつて自ら解放せんとする者の集團運動を起せるは、寧ろ必然である。

「人間を勦《いたわ》るかの如き運動は、かへつて多くの兄弟を堕落させた」と書かれています。同情や哀れみに基づく運動は、人間を冒涜するものであり、結果として人々を依存させ、無力化し、堕落させる、ということを示しています。そうではなくて、「人間を尊敬する事によつて自ら解放せんとする者の集團運動」、すなわちセルフアドボカシーこそが、解放につながるのです。差別や権利侵害を受けた人の側に立って当事者とともに闘う支援者の存在は不可欠ですが、その際支援者は「当事者をいたわるのではなく、尊敬しなければならない」のです。そして当事者の声を拠り所に闘っていかなければ、差別抑圧に加担することになりかねません。

ネルソン・マンデラのアパルトヘイト廃止運動やキング牧師の公民権運動、日本における民族差別に対する運動、水俣病などの反公害運動やセクシャルマイノリティの権利運動など、反差別の運動が示してきたことは全部同じです。当事者の声を拠り所にしなければ支援者にはなれないということです。しかし残念ながら子どもの場合は、子どもたち自身が声をあげることが難しい状況に置かれています。そのため子どもの声を拠り所にして支援するということが弱くなっています。そうしたあり方を転換して、子どもの声を聴いたおとなが子どもとともに声をあげていくことが子どもアドボカシーです。子どもの声を聴きそれを拠り所に社会に働きかけるおとなの声や力がどれだけあるかによって、子どもの権利が守られる社会になるかどうかが変わってくるのです。

障害者の運動は自立生活できるように社会を変えたり、障害者差別解消法を作ったりしてきました。部落解放運動やフェミニズムの運動などもそうです。それらに比べて子どもの所は本当に遅れています。子ども自身が声をあげられない上におとなもしっかりと声をあげてこなかったからだと思います。

## ②理念2――権利行使主体としての子ども

理念の二つ目は「権利行使主体としての子ども」です。子どもたちは、決して教育を受けたり保護をされたりするだけの受け身の存在ではなくて、おとなと同じの尊厳を持ったひとりの人間です。子どもは成長・発達しつつある存在であるとともに、現在を生きる同時代人です。おとなと一緒に社会を形成する市民でもあります。子どもの権利条約の起草に大きな影響を及ぼしたコルチャック先生（ヤヌシュ・コルチャック）は、このことを『子どもをいかに愛するか』の中で次のように述べています。

百人の子どもは百人の人間だ。それは、いつかどこかに現れる人間ではない。まだ見ぬ人間でもなく、明日の人間でもなく、すでに今、人間なのだ。小っちゃな世界ではなく、世界そのものなのだ。小さな人間ではなく、偉大な人間。「無垢な」人間ではなく、人間的な価値、人間的な美点、人間的な特徴、人間的な志向、人間的な望みを確かに持った存在なのだ」（日本ヤヌシュ・コルチャック協会ホームページより）

私たちは子ども観を転換しなければなりません。これまでは「（子どもは）明日の人間」（英語で言えばbecoming）という子ども観でした。つまり子どもはまだ人間ではなく、将来望ましいおとなになるようにしつけ、教育し、訓練しなければならないという子ども観です。子どもたちは半人前とみられ、おとなの指示に受け身で従うことを求められてきたのです。

こうした子ども観から脱却して、私たちは、「すでに今、人間なのだ」（英語で言えばbeing）の子ども観に転換しなければなりません。子どもは一人の人間として、自分に関することを自分で決めたり、家庭や学校、社会で様々な事柄を決める際に意見を表明して、決定に参画する権利を持っているのです。だから、子どもアドボカシーは、子どもの意見表明権を保障するだけではなく、それを通して権利行使主体としての子どもの参加権を保障することをめざすものだと私は考えています。

すべての人が法の下で基本的人権を保障されています。この人権の主体であるという意味は、権利享有主体（a holder of rights）であるとともに権利行使主体（an actor under the law）でもあることを意味しています。前者は例えば、出生証明書を得る、医療を求める、パスポートを申請する、財産を所有する、教育を受ける、虐待などの際に保護される権利などを意味しています。これに対して後者は、例えば財産を所有することだけでなく、売買する権利があることを意味しています。あるいはどの学校でどんな教育を受けるのか、どの病院でどんな医療を受けるのか、どの施設でどんなサービスを利用するのか、どこで誰と暮らすのかを、自分が選んで、決めて、責任を持つ権利です。おとなは基本的にこのような権利を持っています。これが権利行使主体ということです。

では子どもの場合はどうでしょうか。例えば玩具や学用品、洋服、貯金などは子どもに所有権があります。教育を受けたり、保護されたりする権利があります。その意味で、子どもは「権利享有主体」としては社会の中で認められているのです。

でも例えば玩具や学用品を売買したり、好きな服を買ったり、貯金を下ろして使うことが自由にできるでしょうか。どの学校でどんな教育を受けるのか、虐待などで保護される場合にどの施設で生活するのかを子どもは選ぶことはできるでしょうか。答えは否です。貯金などの財産管理は通常保護者が行っています。私立の学校や塾に行く場合には、保護者が決めて契約を結びます。障害児が特別支援学校ではなく地域の学校に行きたいと思っても、それを最終的に決めるのは教育委員会です。施設を利用するときも、児童養護施設などには行政が措置するし、保育所や児童発達支援などは契約による入所です。入院、手術などの医療行為に関する決定も、保護者が行います。このように子ども自身が選び、決める権限を持っていないのです。

子どもに重大な影響を及ぼす校則や規則、法律などを決めるときも、子どもは参加しないまま決められてしまいます。論述試験を大学入試の共通試験に導入することや、コロナ禍の中での学校休校についても当事者である子どもは蚊帳の外で、おとなだけで決めました。このように日本社会においては、法的にも慣習的にも、子どもは権利行使主体としては認められてこなかったのです。

このようなあり方を転換して、子どもが自分に関係するあらゆる決定に権利行使主体として参画する権利がある、というのが子どもの権利条約の規定であり、それを支援するのがアドボカシーです。アドボケイトはこのことを肝に銘じなければなりません。

### ③理念3——力関係（アダルティズム）への異議申立としてのアドボカシー

しかしながら、子どもを権利行使主体として尊重し、子どものセルフアドボカシーを支援することが行われてこなかったのがこれまでの日本社会だと思います。子どもの声が軽く扱われる背景には、「女、子どもは黙っていろ」という文化があります。おとなの男性が力を持ち、女性や子どもの声を抑え込んできたのです。

子ども虐待の背景に母親へのＤＶがあることが少なくありません。例えば、朝日新聞（二〇一九年九月一五日版）によれば、虐待により死亡した栗原心愛さんの母親は、父親から、「お前は無能だ。何もできないバカだ」との暴言を受け、親族や友人との連絡を禁じられていたといいます。また電話やお金の使い方も細かく管理され、暴力も受けていました。母親は次のように話しています。

雄大の説教が終わり、時間がたってから雄大ににこにこすると怒られ、真顔だと「ふてくされている」と言われ、涙を流すと怒られるし。どんな表情をしても雄大のほしがっている表情をつくるのが難しかったというか。

このような支配とコントロールの中で、女性も声を出すことができなくなっていくのです。「個人的なことは政治的なこと」は、フェミニズムのスローガンです。男女格差の大きさを国別に比較した世界経済フォーラム（ＷＥＦ）の「グローバル・ジェンダー・ギャップ指数」二〇一九年版によると、日本は調査対象となった世界一五三カ国のうち一二一位で過去最低でした。経済と政治の分野のスコアが著しく低いのが特徴です。どちらも社会における権力の源泉です。家庭内などのプライベートな男女間の関係は、社会的な力関係の格差を反映したものなのです。

このような女性差別のことを英語ではセクシズムと言います。子どもの声が聴かれない背景にも同じような構造があり、英語でアダルティズム（子ども差別）と言います。子どもたちはおとなに比べて価値の低い劣った存在だという見方です。「子どもだまし」、「子どもの使い」など、子どもに関する言葉に蔑視の意味が含まれているものが数多くあります。「おまえはまだ子どもだ」というのは人を蔑むときに投げかける言葉であり、おとなは「子ども扱い」されると怒るのです。

このようなアダルティズムに関する研究は欧米で行われてきました。アメリカのベルは次のように述べています。

アダルティズムの本質は、私たちの社会にある子どもへの軽蔑です。ほとんどの場合、子どもはおとなよりも重要でなく劣っていると思われています。子どもはまともに取り合ってもらえないし、地域社会での生活に関する意思決定の場に参加することもできません。ほとんどすべての子どもの生活にとっておとなはとても重要です。そのため「アダルティスト」と私が呼ぶものを理解するのは困難なのです。（Bell, J. (1995) *Understanding Adultism: A Major Obstacle to Developing Positive Youth-Adult Relationships.*）

おとなと子どもの格差を測る指数は開発されていませんが、もし開発されれば日本はこの分野でも低くランクされるでしょう。親権者等による体罰禁止を盛り込んだ改正児童虐待防止法と改正児童福祉法がやっと二〇二〇年四月から施行されたのが日本の現状なのです。またユニセフが二〇二〇年九月に公表した「子どもの幸福度調査」では、対象国となった三八カ国中、日本は総合順位では二〇位、精神的な幸福度では最低レベルの三七位でした。

世界中でアダルティズムが構造化されている中で、「子どもの意見を聴き考慮することなしに子どもに影響を及ぼす事項について決めてはならない」と子どもの権利条約第一二条が規定したことは画期的な意味を持っています。おとなは子どもの意見を聴かずに決めるか、聴く場合にも自分の権力が脅かされない範囲で、無害な恩恵として聞いてきました。つまりおとなが考える「最善の利益」に抵触しない範囲で、子どもの意見を聞いてきたにすぎないのです。

これに対して津田塾大学の大西健司（法学者）さんは、次のように書いておられます。少し表現が難しいのですが、重要な指摘ですので、じっくり読んでいただきたいと思います。

意見表明権が子どものイニシアティブにおいて自己の意見を形成・表明する権利を保障するものである一方で、「子どもの最善の利益」原則とは、「最善の利益」を最終的に判断する大人の存在を前提とする概念であり、両者の間には看過しえない緊張関係が潜在しているためである。条文に即して考える限り、意見表明権は意見の形成と表明という子どもの主体的行為を保障する一方で、その〈表明された意見に対する保障〉はあくまで「正当な考慮」にとどまるものであって、表明された意見の内容を実現することまでの保障は及ばない。子どもの権利条約の解釈においては、規定間に存在する連関性や条約全体の構造に留意すべきことを踏まえるならば、子どもの「最善の利益」を最終的に判断するのはあくまで大人であるとの理解による限り、具体的状況によっては、子どもの「最善の利益」の確保の観点から彼（彼女）が表明する意見の考慮が禁じられる可能性すら排し得ないものと解されることに注意しなければならない。（大西健司（二〇一九）「子どもの意見表明権と大人の応答義務」『津田塾大学紀要』第五一号）

こうした考えから、「子どもに意見表明権を承認することは大人に無害な恩恵の付与ではなく応答義務を果たす負担の引き受けを意味する」と大西さんは指摘しておられます。自分にとって「耳障りな声」、「都合の悪い声」、「考えに反する声」こそ、おとなは誠実に聴いて考慮し応答する義務があるのであり、子どもアドボカシーはこのような負担を引き受ける義務を果たすようにおとなに働きかけることを目的としていると私は考えています。

## ④理念4――アドボカシーはライフスタイル（生き方そのもの）

四つ目は「アドボカシーはライフスタイル（生き方そのもの）」ということです。

子どもの権利のことを話すと、「子どもをわがままにするのではないか」と言われるおとながいます。我儘というのは我のまま、自分のままということで、とてもいいことだと思います。自分のまま、ありのままに生きるというのは権利の基本だと思います。ところがおとながそうなっていない。世間の目とか、力関係とか、時には暴力があり、あるいは自分一人が孤立するのではないかという恐れを抱きながら周りに合わせて、自分の意見も言わずにがまんして生きることを強いられているのが日本社会のおとなだと思います。そうやって自分ががまんして生きていると「子どもに権利なんて」とか、「我儘じゃ世間で通用せんよ」みたいな話になってきます。子どもの権利やアドボカシーというのは、子どもを通じておとなである自分の権利とか自分の生き方、自分と周りの人たちとのつながり、社会のあり方を考えていく、そういう鏡になっていくものだと強く感じています。

このことに通じる言葉が、カナダオンタリオ州の子どもアドボカシー事務所のホームページに書かれていました。菊池幸工さんが翻訳・紹介されています。それは次のようなものです。カナダではアドボケイトのことを「アドボキット」と呼んでいます。

アドボカシーは、スキル（技術）ではありません。介入の戦略でもありません。実践のツール（道具）でもありません。効果的なアドボキットになるためには、自分が行うすべての行動にアドボカシーの信条や行動規範、価値観が一貫して貫かれている必要があります。自己像、アイデンティティ、自分の人生の生き方などと統合された、切っても切れない一部になっていなければならないのです。（畑千鶴乃・大谷由紀子・菊池幸工『子どもの権利最前線――カナダ・オンタリオ州の挑戦』かもがわ出版、二〇一八年）

では「ライフスタイル（生き方そのもの）」ってどういうことでしょうか。子どもの人権大阪会議という取り組みを、八〇年代終わりごろ仲間と一緒にしたことがあります。大阪府などに子どもの権利を守るための政策を提言することが目的でした。そこに子どもたちも参加してくれました。私はその司会でしたから、「ぜひ子どもの意見を言ってほしい」と思って、子どもたちに水を向けるのですがだれも意見を言ってくれませんでした。後で「なぜ言ってくれなかったの」と聞いたら、「あそこで意見を言っているのは大学の学長とか弁護士とか偉いおとなばかり。普通のおとなは座ってるだけで何も言っていない。そんなところでは子どもは意見を言えるはずがないよ」と怒られました。「ごめんね」と謝りました。

おとなの社会の構図がそうなってしまっています。力のある人が意見を言う、決める。後の人は顔色を見て黙ってそれに従うとなっているのです。おとなの仕組みが変わっていなければ子どもの権利も守れないのです。だから「おとなの権利が守られていないところで子どもの権利だけが守られるわけがないのです。だから「おとなの権利条約が要りますね」という話を私はよくします。でも実はおとなの権利条約は既にあるのです。国際人権規約、女子差別撤廃条約、障害者権利条約などです。そして私たちは「基本的人権の尊重」を原則とする日本国憲法を持っています。ところが、それらをみんな活用していないし、多くの人が知らない。そこが日本の人権状況の大きな問題です。

子どもアドボカシーはそういうおとなの人権状況と深く関わっています。自分の権利を大事にし、他の人の権利を大事にする。そういうおとなになることが、真に子どもの権利を守ることにつながるのです。子どもがおとなと対等だということは、おとな同士の間でもみんなが対等でないといけないということを意味しています。おとなの間で上下関係があるのに、おとなと子どもが対等ということにはなれないのです。そういう文化をいかにして作るのかが問われているのです。

権利の侵害を受けて苦しんでいる、悩んでいる人がいた場合、そしてその人たちの状況に気づいた場合に、その人たちの権利が守られるように一緒に声をあげていくことが地域でも職場でも私たちはできるでしょうか。逆に言えば、自分自身が権利侵害で傷ついたり苦しんだりしているとき、きちんと声をあげることができるでしょうか。自分の権利、自分の尊厳を大事に守れているでしょうか。

一人で守らなくてもいいんです。人に頼るということも大切なことです。人に相談する、そして人に助けてもらうことも大切な力です。このようにお互いが助け合える関係がちゃんとできているでしょうか。

アドボカシーは子どももおとなも障害者も健常者も女性も男性も、その他一切の属性に関わりなく、みんなが平等という考え方です。同じ人間として声を聴きあい助け合える文化を作ろうという考え方です。だとすればおとな同士の関係の中で性別や性指向、年齢、仕事、障害の有無、民族など様々な属性に関係なく、本当に対等な関係で一緒に助け合っていくような繋がりをつくる努力をする必要があります。そのようにして「ライフスタイルとしてアドボカシー」を生きる努力をしなければ、本当のアドボケイトにはなれないと私は思っています。私たちはそういうアドボケイトを目ざしたいと思います。

# 第5講 子どもアドボカシーの六原則

私は「日本における子どもアドボカシーの六原則」を提案しています。これはカナダやイギリスの子どもアドボカシーから学んだエッセンスです。特にイギリスでは、二〇〇二年に子どもアドボカシーサービス提供が自治体に義務付けられると同時に、その実践の質を担保するために「子どもアドボカシーサービス提供のための全国基準」（以下、「全国基準」とします）を保健省が作成しました。これは「一〇基準」とも言われます。『子どもソーシャルワークとアドボカシー実践』（堀正嗣・栄留里美、明石書店、二〇〇九年）に翻訳・収録しましたので、関心を持たれた方は全文を読んでいただければ幸いです。この全国基準はアドボカシーの理念を実現する実践を行うために遵守すべきガイドラインを提示した素晴らしいものです。この全国基準とイギリスの子どもアドボカシー研究の第一人者であるジェーン・ダリンプルさんが提唱する四原則を参考に、日本の状況を考慮して、「六原則」を提案しています。この提案は二〇二〇年三月に発表された「アドボカシーに関するガイドライン案」（三菱ＵＦＪリサーチ＆コンサルティング）にも盛り込まれました。六原則に基づく子どもアドボカシーが日本で制度化・実践されることを願っています。

## ①原則1――子ども主導

実践原則の一つ目は「子ども主導」です。これは「理念1：アドボカシーの本質としてのセルフアドボカシー」・「理念2：権利行使主体としての子ども」に立って実践するということです。イギリスの社会学者で子ども学（Childhood Studies）の研究者であるジェームズとプロートは、このことについて次のように述べています。

子どもは社会的主体であり、それゆえ保健福祉サービスの「受動的受益者」であるよりも「主体的参加者」であるべきだという社会学的な観点を子ども達はもっている。それは私たちにも共有可能なものである。（James & Prout, (1990) *Constructing and Reconstructing Childhood*. Routledge.）

子どもたちは受益者であるよりも、主体的な参加者なのだといっています。彼らが述べているのは福祉の場合ですが、「学校などあらゆる場で子どもは主体的参加者なんだ」ということをアドボカシーの実践原則としてしっかりもっていないといけないと私は思います。

「アドボカシーは独自のサービスであり、他のどんな子どもとおとなの関係とも異なっている。アドボケイトは子どもの声である。このことは子どもアドボカシーの価値の核心である」とイギリスの全国基準にも書かれています。国が出した基準にこういうことが書かれているのに感動します。子どもたちが参加して子どもたちと一緒に作ってきた基準だからできたことだと思います。アドボケイトは徹底して子どもの側に立って子どもの声になります。このような立ち位置は他にないです。これを子ども主導と表現しています。

また全国基準には次のような表現もあります。

子どもがアドボカシーの過程を導く。アドボケイトは子どもの表現された許可と指示の下にのみ行動する。それが子どもの最善の利益についてのアドボケイトの意見とは異なる場合でさえそうするのである。例外的な状況においてのみ、この基準を採用しないことがある。

アドボカシー研究の古典である『アドボカシーの理論と実際――社会福祉における代弁と擁護』（N・ベイトマン、西尾祐吾訳、八千代出版、一九九八年）には「アドボカシーの原則は当事者が運転席に座れるようにすることである」と書かれています。アドボケイトはあくまでもナビゲーターだと言うのです。アドボケイトが運転席に座ってハンドル握って「こっち行くよ」とやってしまったら、アドボカシーにはなりません。「子どもの表現された許可と指示の下にのみ行動する」という基準は、例えば情報へのアクセスに関しても、「子どもについての記録が見たい」、「職員に話が聞きたい」とたとえアドボケイトが考えても、子どもの許可なく決して見たり聞いたりしてはならないということを意味しています。例えば、「施設の職員に話を聞きたいと思うけどどうかな」と子どもに尋ねて「いいよ」と言ってくれたら初めて職員に話を聞くことができます。「いや」と言えばできません。子どもの意見や願いに従うことを徹底してやっていくというのはこういうことです。

「子どもの最善の利益を考えない」という部分が、アドボケイトの重要な点です。子ども福祉の関係者の集まりで「子ども主導」についてお話しすると、「子どもが『家に帰ってお母さんと暮らしたい』と言ったらすぐに帰すんですか」と言われることがあります。「そうしたら大変な虐待を受けることは目に見えている場合でもそうするんですか」と疑問を持たれる方もあります。

アドボケイトも「家に帰るのは難しいな」と思うことがあるかもしれません。そうした場合に、子どもに対して情報提供はしますが、誘導は決してしません。アドボケイトは子どもの声だからです。自分の考えは括弧に入れて徹底して子どもの声に寄り添います。情報提供して、一緒に考えて、その上で子どもが「家に帰りたい」と伝えることに決めたら、その思いを代弁していきます。どうすればその思いが伝わるか、どうすれば帰れるようになるかを一緒に考えます。そのために動きます。それがアドボケイトの立ち位置です。

アドボケイトには何も権限はありません。何かを決めるということはアドボケイトにはできません。日本の場合であれば、児童相談所が措置を決めていきます。イギリスでは裁判で決まります。徹底して子どもの側に立って子どもの意見や願いのために努力するという意味では、アドボケイトは弁護士のような役割です。最終的に決めるのは、裁判官が判決で決めたり、児童相談所で会議をして決めていきます。ただその時に、そこにしっかり子どもの意見が、願いが届き、それらを考慮して決めることが重要です。これがアドボカシーの役割です。

児童相談所と独立アドボケイトとは役割が違います。アドボケイトは今までにまったくない役割です。徹底的に子どもの側に立つ。子どもの願いが実現するようにただそれだけに専念するのです。「家に帰すべきではない」という意見は、児童福祉司とか、施設の担当職員だとか、臨床心理士とか、医師とか、いろいろな専門的な人から出るかもしれません。一方、子どもの声をアドボケイトがエンパワーして大きくして届けます。その両方を聴いて、最善の利益を判断していくという流れで意思決定が行われるべきです。これが子どもの権利条約一二条を具体化するということです。ただ、虐待などの重大な危害を受ける危険がある例外的な場合はこの限りではありません。このことについては後で、説明いたします。

子ども主導を実現するためには、子どもたちが情報を知るということが前提になります。おとなが病院に行って治療を受けるにしても、A治療がいいかB治療がいいかと聞かれても、それがどういう治療法で、どういう効果があって、どういう副作用があって、いくらかかるのかがわからないことには、「先生がいいと思うとおりにお願いします」と言うしかありません。情報がわからないと答えようがありません。

しかし、子どもたちは情報がわからないままに「これでいいか」と聞かれています。イギリスのヒラリー・ホーランさんは、「子どもたちは首ふり犬症候群になっている」と言います。「これでいいか」と聞かれて「うん」と答えるしかない。何もわからないけれど「うん」と答えることが求められているだろうと子どもたちは察して「うん」と言う。それで子どもたちが「うん」と言ったとなってしまう。これでは「操り参加」になっているだけで、真の参加にはなりません。

しっかりと子どもたちが情報を知ったうえで判断できるために、イギリスではこんな工夫をしています。サッカーが盛んですので、それに使う笛をもって、「あなたが言っていることでわからないことがあったら私は笛を吹くので、私が言うことで何かわからないことがあったらあなたも笛を吹いてね」と、練習をします。そして子どもの処遇を決めるような公的会議、例えば児童保護会議などで、おとなが話していることでわからないことがあったら、子どもは笛を吹きます。そしたら、おとなは子どもにわかるようにもう一度説明をし直さないといけない。そのようなルールで会議を行っています。このように子どもにしっかり情報を伝えることが、子どもが参加するうえでの必要条件です。

最後に子ども主導のあり方は、子どもの状況によって違います。次の定義をご覧ください。

人の懸念やニーズを支援するために代弁する行為である。人々が自分で語る声をもっている場合には、アドボカシーとは、彼らの声が皆に聞いてもらえるよう、保障することである。また、彼らが自分でしっかり語ることが難しい場合には、アドボカシーとは、援助を提供することである。彼らが自ら語る言葉をもたない場合には、アドボカシーとは、彼らのために語ることである。(Herbert 1989)

いろいろな子どもたちがいます。環境や才能に恵まれて、とても力を持っている子どもたちがたくさんいます。学生たちとマララ・ユスフザイさんのスピーチのビデオを見ますが、マララさんは女子教育や女性と子どもの権利のために自ら声をあげ、社会やおとなに訴えかけるものすごい力を持っています。また最近では、スウェーデンの環境活動家のグレタ・トゥーンベリさんが、地球温暖化によってもたらされるリスクを世界中の人たちに訴えています。

この二人のように、すごい力をもっていて自分で話せる子どもたちはたくさんいます。だが、残念ながらおとながその声に耳を傾けない。そういう声を抑圧してしまう。「だまれうるさい、わがまま言うな、生意気言うな」と押さえつけてしまう。このようなことがあまりにも多いのです。グレタさんの場合にも、「精神的に病んでいる。両親や国際的な左翼に利用されている」などと侮辱するコメントが出てきています。これに対してグレタさんは、「なぜおとなたちは子どもをあざ笑い、脅すのか。その時間に別の良いことができるだろうに」と反論しています。

このように子どもの声は抑圧されているので、子どもが「自分で語る声をもっている場合」には、おとなが黙ってしっかりと耳を傾けるように働きかけていく。彼女らの声を皆に聴いてもらうように保障することがアドボカシーです。

三つ目の「自ら語る言葉を持たない場合」とはどういうことでしょうか、例えば生まれたばかりの赤ちゃんとか、重い知的障害のある子どもたちが思い浮かびます。知的障害のある人たちもセルフアドボカシーの活動をして自分たちで語っています。その意味では、知的障害があるから「言葉を持たない」と考えるのは偏見です。だが一方で、言葉による意思決定やコミュニケーションを行わない重度障害を持つ子どもたちがいることも事実です。そのような場合には子どもの気持ちをしっかり聴いて、アドボケイトがそれを代弁していくことが必要です。これについては第8講で詳しくご説明します。

そして「彼らが自分でしっかり語ることが難しい場合には、アドボカシーとは、援助を提供することである」に多くの子どもたちは該当すると思います。多くのおとなもそうかもしれません。例えば障害のあることや年齢により意思決定に援助が必要な子どもたちがいます。こうした子どもたちは「自分でしっかり語ることが難しい場合」に該当するでしょう。しかしこうした子どもたちだけでなく、悩みや苦しみを抱えている多くの子どもたちは自分に何が起きていて、いったいどうしていいのかわからない状態に置かれています。気持ちもぐちゃぐちゃになってしまっています。聴いてもらうといろいろな気持ちがわっと出てくる。チャイルドラインではそうした子どもの声を聴かれていると思います。そのような気持ちをしっかり聴きながら、どうしたらよいか一緒に考えていくことが必要です。そのことによって、どういう風におとなに伝えたいか、自分がどんな風になっていきたいか初めて見えてくる。このような意見形成支援が、多くの子どもたちには必要です。このことについては第6講でご説明いたします。

### ②原則2——エンパワメント

カナダオンタリオ州子ども家庭アドボカシー事務所初代所長のジュディ・フィンレイさんに二〇〇七年にお会いしたのが子どもアドボカシーとの出会いでした。私はフィンレイさんの次のような言葉から感銘を受けました。

わたしたちはまず、アドボカシーとは、子どもや親が自分で話ができるようにエンパワーすることだと考えています。……略……誰でも自分の中に力を持っています。その力を発見し、その力を使って自分で話をするのを助けるのがわたしの言う「エンパワー」です。誰かに代わって話したり、子どもなり親なり家族のために仲裁に入ったりもしますが、そのときには彼ら自身の言葉を使いながら話をするようにしています。（フィンレイ、平野裕二訳『カナダにおける子どもの権利擁護』一九九七年、私家版）

子ども自身による意見表明とそのことを通してのエンパワメントがアドボカシーの核心だとフィン

レイさんは言っているのです。「『無力な子どもに代わって発言する』という姿勢ではなく、子どもの力を信じて、子どもが自分で発言できるように支援することがアドボカシーなんだ」、これが私がフィンレイさんから学び、肝に銘じた点でした。一九九九年から私は兵庫県川西市の初代子どもの人権オンブズパーソンを務めますが、その時指針にしたのがこの言葉でした。子どものエンパワメントを支援するアドボカシー活動として、子どもの人権オンブズパーソン活動を実践しようと決意したのです。

このようにアドボカシーの原則としてエンパワメントを位置づけるのは世界共通の考え方です。北欧もアドボカシーを重視して子どもの支援を進めてきた地域です。フレッコイさんはノルウェーの初代子どもオンブズパーソンを務めた方でが、「アドボカシーは、子どもには力があると信じる気持ちや態度をもって実践しなければならない」とおっしゃっています。エンパワメントは「パワー」(力)がキーワードです。施設、学校などいろいろな場で「何もできない」とか、「何も言えない」とか、あるいは「守らなければいけない」など、子どもたちを無力な存在とする見方があまりにも強い中で、アドボケイトでさえそうなってしまう危険性があると思います。

アドボケイトがスーパーマンか水戸黄門のように自分を認識してしまって、「おじさんが解決してやる。任せておけ」という姿勢で実践してしまったとしたら、子どもたちは、「自分の気持ちや意見に関係なくおとなが勝手に動いて解決してくれるんだな」と思ってしまうし、「自分の意見や気持ちを言っても仕方がないな」と思ってしまうかもしれません。うまく行かなくなったら、「おじさんが悪い」とおとなのせいにしてしまうでしょう。仮にうまく行ったとしても、「おじさんが解決してくれた」とおとなに対しての依存を強めていくだけになるのではないでしょうか。どちらにしても自信や誇りを回復することはできません。「人間を勦《いたわ》るかの如き運動は、かへつて多くの兄弟を堕落させた」と水平社宣言が述べているような状態になってしまうのです。

イギリスの全国基準もエンパワメントに言及しています。アドボカシーの定義として次のように書かれています。

アドボカシーとは子どものために代弁することである。アドボカシーとは子どもをエンパワーすることである。そのことによって子どもの権利が尊重され、子どもの意見と願いがいつでも聴かれるようにすることが目的である。

エンパワメントの原則に基づくアドボカシーを経験したイギリスの若者の声が、全国基準に引用されています。それは次のようなもので、アドボカシーによるエンパワメントのイメージを与えてくれます。「セルフアドボカシーの技術が育ってきて、自信が持てるようになってきました。アドボカシーが私を強い人間にしてくれました」「アドボケイトの支援を受けてから、自分に権利のあることを要求する自信が高まったように感じます」

私がエンパワメントについて「わかった」と思ったのは、森田ゆりさんの『エンパワメントと人権』（解放出版社、一九九八年）で外的抑圧と内的抑圧についての説明を読んだ時でした。みんな素晴らしいパワーを持って生まれてきます。可能性、かわいい、美しい、愛、信頼、などの肯定的なパワーです。それらがすくすくと育っていけばいいのだけれど、いじめ、虐待、暴力など様々な抑圧を人は受けていくので、その中で自分自身の内的なパワーが損なわれていってしまう。ディスエンパワーと言います。「自分なんてバカだからダメだ」、「醜いからダメだ」、「何にもできないからダメだ」、「つまらない人間だからダメだ」と思い込んで、自分で自分を否定したり、いじめたりする回路に入ってしまいます。これを内的抑圧と言います。その二つの抑圧から解放されていくことがエンパワメントだと書かれています。なるほどと思いました。

エンパワメントを何かができるようになることだと考えている方もおられるかもしれませんが、そうではありません。「子どもが自分で意見を言えるようにしてください」と施設の職員からアドボケイトが頼まれることがあります。結果として意見を言えるようになることはすばらしいのですが、それ自体がアドボカシーの目的ではありません。おとなと比べて子どもたちはパワーが弱い状態に追いやられています。いろいろなことを決めていく時に、子どもたちの気持ち、利益、意見は一番の低い位置にあって、周りのおとなの大きな声によって決められているのです。こういった外的抑圧とそれによってもたらされた内的抑圧が子どもの力を奪っているのです。このような抑圧に抵抗して、そこからの解放をめざすのがアドボカシーです。

「自信や誇りを回復できた、自分の力を感じられた」、あるいは「内的抑圧・外的抑圧が取り去られて解放された」と子ども自身が感じられることが、アドボカシーが実現できているかどうかの試金石になります。それができていないようなら、いくらおとなの目から見てうまくいったと思っても何もうまく行っていない。子どもへの抑圧は続いているのです。

### ③原則3——守秘

「プライバシーを常に尊重し、子どもの同意なしにはサービス外に漏洩しない」とイギリスの全国基準には書かれています。アドボカシー活動は市民団体が組織としてやっていくことになります。そこで質の高いアドボカシーを提供していくために求められるのがスーパービジョンです。各組織の中で、アドボケイトは支援を受ける権利があるし、アドボケイトへの支援をしっかりしないと質の高いアドボカシーを子どもたちに届けることはできません。

イギリスでは、アドボケイトには必ずスーパーバイザー（支え手）がいて、定期的にアドボケイトの書いた記録に目を通して、月に一回程度会って振り返りをしていきます。アドボケイトを励まし、支え、アドバイスをしてくれます。こうしたことをグループで行う場合もあります。そのためサービスを提供している組織の中でその情報は共有されます。しかし子どもの許可なくそれ以外の人に言うことはありません。

私たちが行っている大阪での施設訪問アドボカシーでも、こうしたやり方を取っています。「子どもはどんなことを話していましたか」と職員から聞かれても、「申し訳ありませんが、子どもから許可をもらっていないので、お話しできません」とお断りします。ただし、「子どもが伝えてほしい」といったことは伝えます。アドボケイトが「職員に伝えた方がいいな」と思うことは、子どもに提案をして話し合って、子どもが「いいよ」と言ったら伝えます。子どもの許可なく、「こんな話をしていましたよ」と職員さんや外部の人に言ってはいけないというのが、アドボケイトの守秘義務の立ち位置です。

また「ただし、子ども自身や他の人に『重大な侵害』が及ぶことを防ぐのに必要な場合や裁判所が命じた場合にはこの限りではないということも子どもに伝える」という記述も全国基準にはあります。

例えば、子どもが虐待を職員から受けているとか、他の子からいじめられているとか、ケンカするためにバットなどを持って集まっているとか、そういうことは「重大な侵害」になります。これらは関係機関に通告するということになっています。その場合でもできる限り事前の子どもに話して了解を求めます。

こういった守秘義務の取り扱いに関しては、子どもたちにしっかりとわかるように説明をすることが求められます。可能な場合には、「アドボケイト利用契約」を子どもたちと派遣団体の間で結びます。この時に守秘義務について書かれた説明書を読みながら、「危害が及ぶおそれがある場合には秘密を守ることができないこともある」とはっきり限界を伝えていきます。このことを子どもたちに了解してもらった上で、話をしてもらいます。

大阪での訪問アドボカシーの活動を行う際も、契約書を作って説明しています。このことによって、何をいつ話すかを子どもたちは自分でコントロールできます。ここが重要です。「絶対に誰にも話さないよ、ここだけの秘密だよ」と言っておきながら、裏ではおとなが共有している。本人が知らないところでいろいろな人が知っている。子どもにとってこんな怖いことはありません。大変な裏切りです。「おとななんか信用できない」と子どもたちが感じるのは当たり前です。子どもたちに守秘義務をどんな風に守るのかを知っておいてもらうと、わかったうえで話してくれます。関係機関の職員との連携よりも、子どもと約束した守秘を重視するというのが子どもアドボケイトの立ち位置です。

小さい子どもたちに守秘を説明する時は、サッカーの好きなチームの名をホリイトボードに書いてもらって、だれにも知られたくないのなら「消すね」と消します。こんな風にして「消すから他の人にはわからないよ」とイギリスでは説明しているそうです。

また、ポストイットに意見を書いてもらい、ホワイトボードに並べてグループに分けたり、優先順位をつけながら、子どもの意見をまとめていくことがあります。これは意見形成支援と呼んでいるものです。たくさん貼ったポストイットの中で、「これはおとなに伝えなくていい」とか、「これは他の人に知られるのが嫌だな」と子どもが思ったら、「誰にもわからないようにするね」と、目の前でシュレッダーにかけます。そのためにアドボケイトは携帯用のシュレッダーを持参しています。そうすると子どもは、アドボケイトが自分が書いたものをもっていったけれどどうなったのか。知らないうちにだれか知っているんじゃないか、職員がわかっているのではないかという不安を持たなくてもいいわけです。イギリスでこのような実践が行われていることを聴いて、私は大変感動しました。

守秘の限界をアドボケイトが個人で判断することは難しく、スーパーバイザーと相談しながら組織として守秘を解除したり通告するということになります。ただし守秘義務を開示しなくてはならないような深刻な場合はほとんどないとイギリスで聞きました。だからアドボケイトの皆さんが大きな不安を感じる必要はないと思います。

### ④原則4――独立性

独立性は守秘と深く関わっています。例えば、施設、学校でもそうですが、隣の寮の職員が、あるいは隣のクラスの先生が子どもに暴力をふるっている。そういうことを知ったとしても、職員同士で力関係の上下があり、立場が下の人の場合はなかなか言えません。自分に不利益が来て、辞めざるを得ないことになるかもしれないと思えば、恐ろしくて言えないのです。そのためやむなく見て見ぬふりをすることになるかもしれません。子どもたちは敏感にそのことを見抜いているので、「言わなくていいよ、先生が大変なのはわかっているよ」と言うことがあります。こうした職場では、良心的な職員は燃え尽きていかれるのです。

また臨床心理士が施設にはおられますが、施設経験のある若者に「話せるかな」と聞いたら、「信用できない。ちくられるのわかってる」と言っていました。施設の職員だから、秘密と言いながら裏でちくられると思っている。そう思うと子どもたちは本音を言わない、言えないわけです。

アドボケイトは、施設や学校から独立した第三者なのだということをはっきりと子どもたちに理解してもらうことが大事です。大阪での施設訪問アドボカシーでも徹底してやっています。私たちが施設を訪問する時は、職員さんとは挨拶以外の話は基本的にしません。職員さんと親しげに話しているのを見ると、「グルだな」と子どもたちは思うかもしれません。「私たちは子どもの側の人間です」ということを常に態度で示すように努力します。

一方で「職員さんに信頼されるアドボケイトでないと話しにくい」と言った子どもがいます。立場は違うけれども、職員さんは子どもの生活の基盤を支えておられ、広い意味ではアドボケイトと一緒に子どもを支援している仲間です。そのため職員さんにはできる限り敬意を払い、信頼されるように努めなければならないと思っています。独立性を保つこと、すなわち距離をとることと、敬意を払うことの両立がアドボケイトには求められています。

施設訪問していて大事だと思うことは、子どもたちに「この人には力（パワー）がある」と思ってもらえることです。施設の決まりごと、職員さんの接し方などについて、子どもたちからいろいろな苦情や意見が出てくることがあります。「アドボケイトに言っても何も変わらない、言ったら職員さんとうまくいかなくなって、辛い目にあうかもしれない」と感じていたら、子どもたちは絶対言いません。「この人に話したらうまく職員さんに伝えてくれる。そしたら施設が変わるかもしれない」と子どもたちが思えたら話してくれます。そういう意味で「パワー」は大事だと思います。

以前、「どんな人にアドボケイトとして来てほしい」と小学生の子どもたちに聞いた時に、「顔のいかつい人」という回答がありました。ちゃんと言ってくれるパワーのある人というイメージなのかもしれません。

アドボケイト自体には職務命令を出すような権限はないけれど、市民団体に所属していてスーパーバイザーがいたり、連携している弁護士や議員、マスコミの人たちがいたり、アドボカシーの団体同士のネットワークがあり、バックに市民社会の力があることによってパワーを持っていることが重要です。そういう背景があることでアドボケイトは自信をもって活動していけるのです。

アドボケイトは、しっかり傾聴する力が必要だし、保育士のような子どもと仲良くなる力も必要だし、制度や法律についても知っていて、代弁していける弁護士のような力も必要です。しかし弁護士でもない、カウンセラーでもないしソーシャルワーカーでも保育士でもありません。「ソーシャルワークなどの専門職はすぐにアセスメントを始めるから独立アドボケイトになるためにはトレーニングが必要だ」という意見をイギリスで聞きました。すぐにアセスメントしてしまって、子どものニーズを特定したり、どういう機関と連携するかを計画したりして、おとな主導の問題解決になりがちだからです。

「アドボケイトになる時は、専門職の帽子をまず脱いでください」とイギリスで言われました。これまでにない新しい役割のおとなになるためです。市民社会とつながって徹底して子どもの側に立つ、それがアドボケイトの立ち位置なのです。

## ⑤原則5――平等

子どもの権利条約の一般原則の一つは「差別の禁止」です。第二条は次のように規定しています。

1　締約国は、その管轄の下にある児童に対し、児童又はその父母若しくは法定保護者の人種、皮膚の色、性、言語、宗教、政治的意見その他の意見、国民的、種族的若しくは社会的出身、財産、心身障害、出生又は他の地位にかかわらず、いかなる差別もなしにこの条約に定める権利を尊重し、及び確保する。

2　締約国は、児童がその父母、法定保護者又は家族の構成員の地位、活動、表明した意見又は信念によるあらゆる形態の差別又は処罰から保護されることを確保するためのすべての適当な措置をとる。

子どもたちは「子どもであること」で差別を受けるとともに、その属性のために差別を受けています。複合差別といわれるものです。例えば女性の子どもは、女性であることと子どもであることの二重の差別を受けています。障害のある子どもは、障害があることと子どもであることの二重の差別を受けています。女性の障害のある子どもは、三重の差別を受けています。これらのことは、外国籍の子ども、セクシャルマイノリティの子ども、被差別部落の子ども、社会的養護の子ども、罪を犯した子ども、乳幼児など、様々な属性に当てはまります。

アドボカシーは、歴史的に見れば、マハトマ・ガンジー、ネルソン・マンデラ、キング牧師などの、人種や皮膚の色によって抑圧されてきた人たちが声をあげたことから始まっています。やがてそれが、女性、セクシャルマイノリティ、障害者、子どもなど、様々なマイノリティの権利運動に発展していったのです。このような反差別の思想と運動がアドボカシーの基盤です。

すべての子どもがアドボカシーを必要としていますが、特に必要としているのは孤立している子ども、差別や偏見にさらされている子どもと、意思決定に支援を必要とする子どもです。イギリス（イングランド）では次のような子どもたちが、アドボケイトを利用する法的権利のある子どもたちだとされています。イングランドの子どもコミッショナーは、アドボカシーが必要な子どもは他にもおり、そうした子どもたちにも届くようにしなければならないと指摘しています。

・一六歳、一七歳でホームレスの者
・一六歳、一七歳で意思能力を持たない者
・ケアリーバー
・罪を犯して拘留中の子ども若者
・精神保健法により強制入院の措置を受けているイングランドの子ども若者
・ソーシャルケアサービス（児童保護を含む）を受けている子ども若者で代理人を希望する者（苦情申立を含む）
・チルドレンズホーム（児童養護施設）で暮らす子ども若者
・医療サービスを受けており（病気治療中で）、苦情申立を希望している子ども
・成人後もケアと支援が必要な子ども
・特別教育ニーズ及び障害のある子ども

・行方不明になっている育成を受けている（社会的養護の）子ども
・ケアプランの再検討を控えた育成を受けている（社会的養護の）子ども
・ヤングケアラー
（Children's Commissioner for England, *Advocacy for children - Children and young people's advocacy in England*, 2019.）

後で詳しく説明しますが、日本において検討が進んでいるアドボケイト制度では、児童相談所の措置に関わる子どもが中心に考えられており、障害児や入院中の子ども、罪を犯した子ども、ヤングケアラーなどにアドボカシーが届かない懸念があります。権利侵害を受けやすい子どもたちに特に留意しながら、すべての子どもたちに平等にアドボカシーが届くことをめざして活動を進める必要があります。

特に言葉を話さない障害児や乳幼児は、これまで意見表明ができない子どもだとみなされてきました。しかし言葉を話さない子どもたちも感情表現や存在そのもので意見表明をしています。こうした子どもの言葉で表現されない声を聴き、アドボカシーを行うことが必要です。そしてその際には、年齢と障害に適した支援や合理的配慮を提供すること、子どもの明確な指示によらないアドボカシーを行うことが必要になります。イギリスではこれを非指示型アドボカシーと呼び、実践方法が開発されています。このことについては、第8講でご説明します。

## ⑥原則6――子ども参画

私は二〇一五年三月に、カナダオンタリオ州子どもアドボカシー事務所を訪問しました。そこでお会いしたオンタリオ州子どもアドボケイトのアーウィン・エルマンさんは親切で温かく、同時に強い信念を持った方でした。私が感銘を受けたのは、「アドボカシーにおいて最も強力なのは子ども自身の声であり、あらゆる分野で子どもの参画を得て子どもの声から社会を変えていきたい」と考え、実践しておられたことです。事務所は一四人のパートタイムの若者スタッフを雇用していました。施設経験があったり、先住民族だったり、障害があるなど、様々な属性や経験をもった若者たちでした。こうしたスタッフを「若者アンプリファイアー」と呼んでいました。ステレオのアンプのように、若者の声を大きくして社会に伝える役割という意味であり、若者自身が命名したものです。それ以外にも、多くの子どもたちが、様々な活動に参画しています。アンプリファイアーのほかに、若者アドバイザリーグループもあります。アドバイザリーグループには、現在施設で生活している子どもたちが所属していて、当事者の立場からアドバイスをします。これは日本での活動のモデルになる素晴らしいものです。

イギリスでも活動への子ども参画は積極的に進められています。アドボカシーサービスを受託している多くの団体が、子どもたちによるアドバイザリーグループを持っています。有給無給の子どもスタッフを擁しているところもあります。「私たち抜きに私たちのことを語るな」(Nothing about us without us) という原則に立って、アドボカシー団体は活動を展開しているのです。

イギリスの全国基準は、このことについて次のように述べています。

アドボカシー活動のすべての段階に子どもたちが参加することにより、活動は子どもにとって魅力的で効果的なものになる。子どもスタッフ採用、子ども委員会（アドバイザリーグループ）

設置等の方法により、以下のような活動への参加が想定される。

・アドボケイト募集・採用・研修・査定
・アドボカシー実践への助言
・運営委員会への参加
・広報（出版物と情報媒体の製作と普及促進）
・サービス評価

イギリスで私が感動したのは、アドボケイトだけでなく、国の機関の長である子どもコミッショナーから現場のソーシャルワーカーに至るまで、採用されるためには子どもの面接にパスする必要があるということです。おとながいくら素晴らしい人だと思っても、子どもたちに選んでもらえなければ子どもの支援者としては失格です。そのため、アドボケイトの養成では、実際に現場で実習をしてもらい、アドボケイトと話した子どもにインタビューをして評価に反映させるとのことでした。書類の上では優秀な成績のアドボケイト候補者が、子どもからは「書類ばかり見て僕の目を見て話してくれなかった」と評価され合格できなかったと聞きました。

私たちが大阪で行ってきた児童養護施設と障害児施設の訪問アドボカシーにおいても、「子ども委員会」を開いて子どもたちのアドボカシー活動への参画を求めてきました。子ども委員会の目的は、アドボカシー活動の進め方について、子どもからアドバイスをもらうことです。子どもと一緒に施設の子どもや職員にアドボケイトについて理解してもらう方法を考えることもありました。また訪問アドボカシーの活動に、施設経験者に参画していただき、子ども委員会を進めてもらったり、スーパービジョンの中で経験に基づくアドバイスをもらったりしてきました。

「私たち抜きに私たちのことを語るな」という精神に立つ「子ども参画」がアドボカシーの原則です。日々のアドボカシーの進め方について子どもの助言をもらいながら子どもと一緒に進めることはもちろん、子どもアドボカシーセンターなどの団体の活動・運営にも積極的に子どもの参画を求めていただきたいと思います。

# 第6講 子どもアドボカシーの実践①
## ――会議支援アドボカシー

### ①アドボカシー実践の類型

第1講でお話ししたように、アドボカシーには大きく分けてシステムアドボカシーと個別アドボカシーの二つの類型があります。システムアドボカシーは、法律・制度・慣習など社会のマクロな構造に働きかけてその変革を求めるものです。「政策提言」と言われてきたものがこれにあたります。福祉NPOや人権運動を展開してきた団体は、こうした働きかけを強く行ってきました。カナダでは社会的養護経験者のユースによるOUR VOICE OUR TURNというムーブメントにより、児童養護施設や里親家庭出身者の大学の学費が無料になったり、二一歳までのサポートが一五歳までのサポートに引き上げられたりしました。これはシステムアドボカシーが成功した具体的な事例です。また施設や学校の規則や環境、支援方法の改善を求めて働きかける活動も権利擁護団体等により行われてきてお

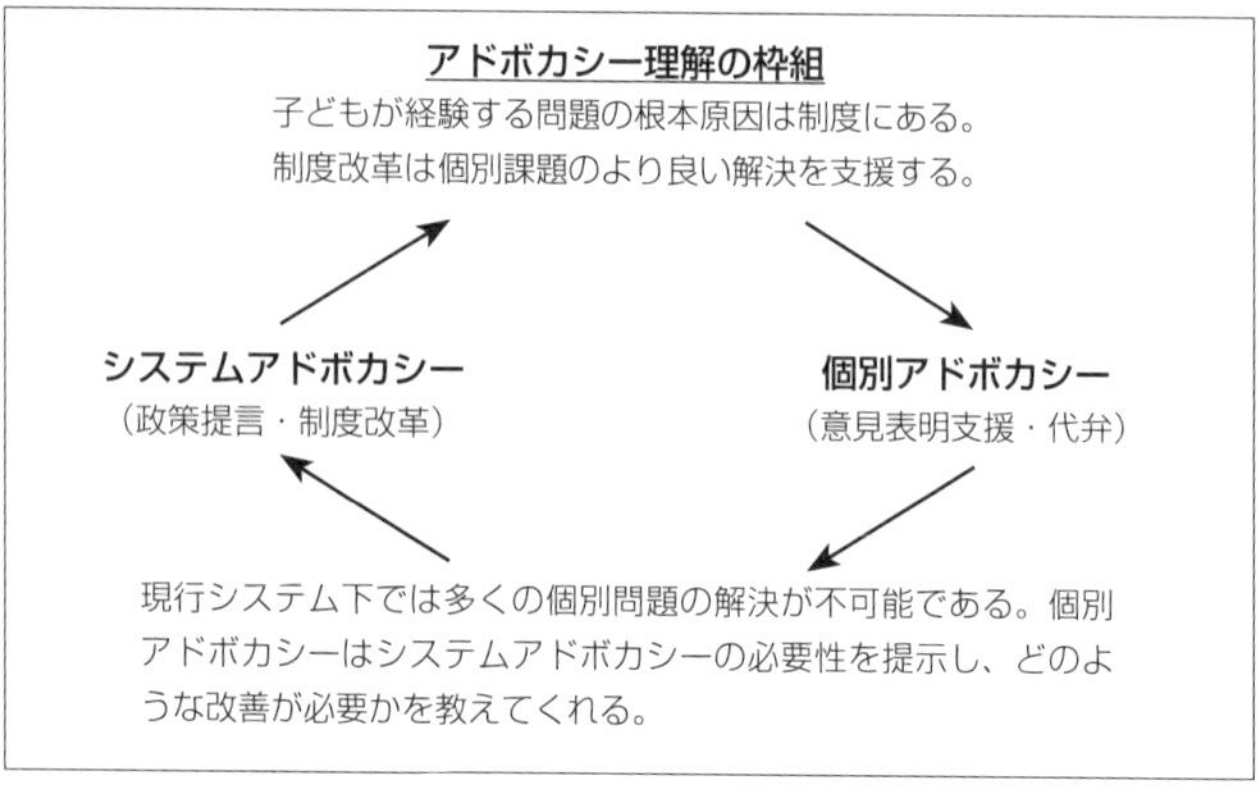
アドボカシー理解の枠組
子どもが経験する問題の根本原因は制度にある。
制度改革は個別課題のより良い解決を支援する。
システムアドボカシー
（政策提言・制度改革）
個別アドボカシー
（意見表明支援・代弁）
現行システム下では多くの個別問題の解決が不可能である。個別アドボカシーはシステムアドボカシーの必要性を提示し、どのような改善が必要かを教えてくれる。

図表5　システムアドボカシーと個別アドボカシー
Office of the Child, Youth and Family Advocate 1997, p.3 より

り、メゾレベルでのシステムアドボカシーだということができます。

　**図表5**をご覧ください。「子どもが経験する問題の根本原因が制度にある」時、個別アドボカシーを実践するだけでは問題を解決することはできません。例えば、いじめの問題に直面している子どものアドボカシーをしていくと、現行システムでは問題の解決が困難であるといったことが出てくるかもしれません。いじめがどんどん起きてくるような学校がもしあれば、システムのどこかがおかしいのです。

　また児童養護施設での子ども同士の被害加害の問題、性的虐待の問題が社会的にクローズアップされました。被害を受けた子どもの声を聞いていくと、施設運営のあり方だけでなく、職員配置基準を含めた制度に問題があることがわかってくるかもしれません。そうすると、今度は制度を変えないといつまでたっても被害を受ける子どもが出てくることになります。また大学に進学したいのにあきらめざるを得ない社会的養護の子どもたちがたくさんいる場合には、学費の無償化などの経済的な支援が不足していること

が根本原因かもしれません。政治や社会に働きかけることにより、このような根本原因を取り除いていくシステムアドボカシーが必要です。

他方、一人ひとりの子どもの抱える問題や悩みを解決するために行うミクロのアドボカシーを「個別アドボカシー」と呼びます。個別アドボカシーは、何らかの問題に子どもたちが直面しており、その解決を求めているときに必要になってくるものです。だからイギリスでは「問題基盤アドボカシー」（issue based advocacy）と呼んでいます。

しかし「問題基盤アドボカシー」と言っても、アドボケイトが問題を解決するわけではありません。問題を解決するのは、子どもに関する意思決定や支援の役割を担っている人々です。例えば「いじめられているので、助けてほしい」という問題に直面した子どもがいたとします。この問題を解決するのは、学校であれば担任の先生、施設であれば担当職員の役割です。こうした人たちが、子どもの意見や気持ちを聴いて尊重し、いじめがなくなるように支援してくれるように、子どもの声を代弁するのがアドボケイトの役割です。

また「地域の学校に行きたいのに行けない」という問題に直面した障害児がいた場合には、地域の学校で学べるように条件整備を行い、就学通知を出すのは教育委員会の役割です。虐待を受けて「保護してほしいのにしてもらえない」、「家に帰りたくないのに帰される」という問題に直面した子どもがいた場合には、施設などで生活できるようにするのが児童相談所の役割です。子どもの意見が正当に考慮された上で決定が行われるように、そして子どもの願いが実現するように教育委員会や児童相談所に働きかけていくのがアドボケイトの役割です。その意味で、アドボケイトは触媒のような役割です。アドボケイト自身が変化を引き起こすのではなく、子ども自身と関係するおとなが子どもの願いの実現に向けて変化を起こすことを促進する役割なのです。

さて、子ども福祉における個別アドボカシーは、措置などの重大な意思決定の際に行われる「会議支援アドボカシー」と、施設や里親などでの日常生活上の意見表明の支援を行う「訪問アドボカシー」、子どもの意見や願いが聴き入れられないときに行われる「不服申立アドボカシー」に分かれます。また障害児や乳幼児など合理的配慮や支援が必要な子どもにも平等にアドボカシーを提供する必要があります。ここでは、「会議支援アドボカシー」、「訪問アドボカシー」、「障害児のアドボカシー」の順に、実践のあり方を考えてみたいと思います。

### ②会議支援アドボカシーの意義

日本では、「措置等の行政手続上の重大な意思決定場面」における個別アドボカシーは実践されていません。一方先進国であるイギリスでは、施設入所や支援計画の決定などに関する公的会議（児童保護会議・再検討会議・ファミリーグループカンファレンス等）において、または苦情・不服申立の際に個別アドボカシーを子どもに提供することが自治体により行われています。私は、イギリスの取り組みを参考にして、日本における個別アドボカシーの制度と実践をつくり出していくことを願っています。

さてイギリスでは、会議支援アドボカシーの意義は次のようなものだとされています。

> 子どもの意見が聴かれ考慮されることを保障するのがこのサービスの目的である。その結果、子どもはプロセスに意味ある関与をすることができるのである。このプロジェクトの願いは、会議

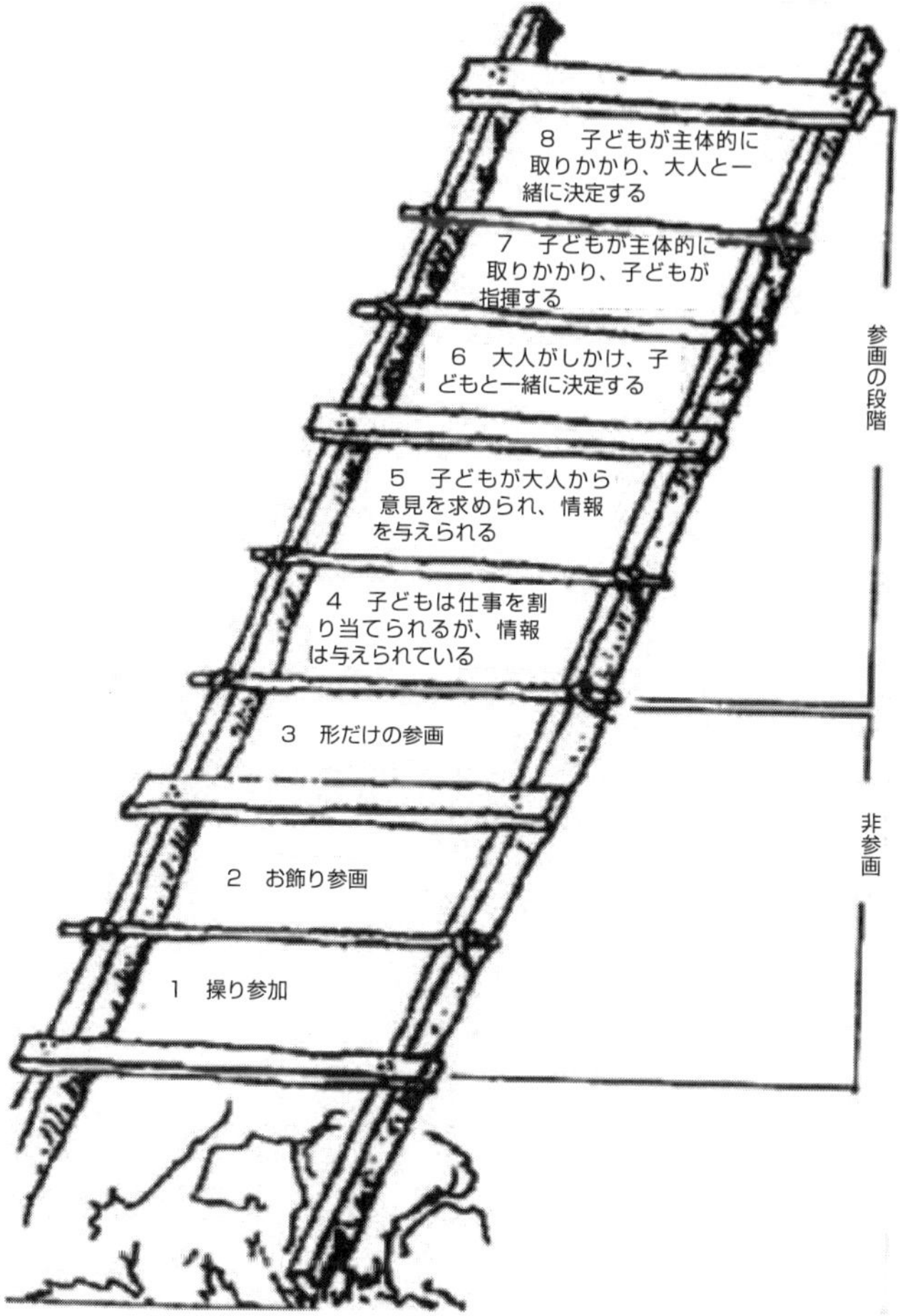


図表6　子どもの参加のはしご
ロジャー・ハート、IPA日本支部訳『子どもの参画』萌文社、2000より

の中での子どもの発言を尊重することによって、家族や専門職の懸念の反映ではない子ども自身の懸念が聴かれ、子ども自身のニーズを反映するようになることである。

(Dalrymple and Horan (2008) Advocacy in Child Protection Case Conference, In: C. Oliver and J. Dalrymple, eds, *Developing Advocacy for Children and Young People*, Jessica Kingsley Publishers.)

「意味ある関与」と書かれている点が大切だと私は思います。ロジャー・ハートが提唱した「子ども参加のはしご」(図表6)にあるように、おとなによる配慮と支援がなければ、子ども参加は「操り参加」「お飾り参加」「形だけの参加」になります。子どもは措置などが決まる難しい会議に参加していても、ちんぷんかんぷんです。そのため子どもにわかりやすく情報が提供され、会議が進められなければなりません。そして子どもが話しやすい雰囲気の中で、子どもの声に敬意をもって耳を傾け、尊重し考慮することが必要です。そのことによって、「家族や専門職の懸念の反映ではない子ども自身の懸念が聴かれ、子ども自身のニーズ」を表明することができ、結果的に「意味ある関与」ができるのです。アドボケイトによる支援はそのために行われます。

### ③会議支援アドボカシーのプロセス

会議支援アドボカシーは一般に図表7のプロセスを歩みます。これはイギリスのアドボケイト職業資格取得のためのテキストを参考に作成したものです。プロセスに沿ってご説明します。

**会議前（意見形成支援）**

①役割説明と契約・信頼関係構築・傾聴
②会議の目的・参加者・運営方法を情報提供
③これまでに決まっていることの確認・検討
④どのような選択肢があるかを探り、希望に沿ったものを選べるように支援する
⑤会議で話したいことと獲得したい結果について計画・準備できるように支援する

⬇

**会議中（意見表明支援／代弁）**

①子どもの意見を傾聴し励ます
②子どもの意見を代弁する
③アサーションと交渉術により子どもの意見を後押しする
④子どもの希望に対する参加者の反応を引き出し問題解決を促進する

⬇

**会議後（終結／再申請）**

①子どもが会議の議事録を受け取れるようにする
②子どもが議事録と決定事項を理解できるように支援する
③子どもが決定事項に不満があるか問題が解決していないときには再申請できるようにする

図表7　会議支援アドボカシーのプロセス
Kate Marcher Training（年不明）*Unit 309 Independent Advocacy with Children and Young People Self Study Pack* pp.59-61 参照

## Ⅰ　会議前（意見形成支援）

### （1）役割説明と契約・信頼関係構築・傾聴

開かれる会議の目的や意味、アドボケイトの役割と実践原則を子どもに説明し、利用の意思を確認します。子どもがアドボケイトの利用を希望し、可能な場合には子どもとの利用契約を結びます。その後、遊びやコミュニケーションを通して信頼関係を形成します。

様々な権利侵害や人との衝突や置かれた環境の中で傷つき、苦しんでいる子どもたちの場合には、まず彼

らの傷ついた心、つらい心を受容することが支援の出発点となります。そのことによって、子どもたちは自分の気持ちや願いを表出し、それらを意識化し、整理していくことができるようになるのです。それはまたアドボケイトへの信頼を築いていくプロセスでもあります。これが個別アドボカシーの土台です。

（2）会議の目的・参加者・運営方法を情報提供

ここからは意見形成支援を行います。まず会議がどのような目的で開かれ、誰が参加するのか、どのように運営されるのかを説明し、子どもが理解できるようにします。

（3）これまでに決まっていることの確認・検討

これまでの会議などですでに決まっている事柄を子どもが理解できるようにし、それが子どもの願いと一致するかどうかを検討します。

（4）どのような選択肢があるかを探り、希望に沿ったものを選べるように支援する

子どもが感じている問題を解決するためにはどのような選択肢があるのかを探り、様々な選択肢の中から子どもが望む解決に結びつくものを選べるように支援します。

（5）会議で話したいことと達成したい結果について計画・準備できるように支援する

会議でどのような結果をめざすのかをはっきりさせ、そのために何をいつどのように伝えるのかを考え、準備する段階です。意見を伝えるために手紙を書いたり、ビデオ、写真、パワーポイントで表現したり、ロールプレイを行ったり、スターチャート（大切な人に伝えたいことを吹き出しに書く）を使うなど様々な方法が考えられます。

## Ⅱ　会議中（意見表明支援／代弁）

会議中は意見表明の支援または代弁を行います。子どもが会議に参加する場合には、子どもの隣に座って子どもが安心して話せるように傾聴し励まします。またアサーション（自他の権利を尊重するコミュニケーション技術）と交渉術により子どもの意見を後押しします。また子どもが希望する場合には、子どもの意見を代弁します。そして子どもの希望に沿った問題解決に向けて、参加者が子どもの希望に真摯に向き合い、尊重し考慮するように促します。子ども自身は参加せずアドボケイトによる代理の出席を希望する場合には、子どもの書いた手紙やビデオなどを使って、子どもの意見を代弁します。

## Ⅲ　会議後（終結／再申請）

会議後は子どもが会議の議事録を確実に受け取れるようにします。そして子どもが議事録の内容と決定事項の意味を理解できるように説明します。さらに会議の決定事項に対する子どもの意見や気持ちを傾聴し、決定事項に満足できるかどうか確認します。子どもが満足している場合には、以上で終結となります。会議支援アドボカシーは期間を限定した短期の支援であり、会議の終了とともに終結となるのが一般的です。ただし子どもが決定事項に満足していなかったり、子どもの感じている問題が解決していない場合には、再度の意見表明や不服申立の支援を引き続き行います。

### ④会議支援アドボカシーの事例

会議に向けてアドボケイトはどのような支援を行うのかに触れることのできる事例を紹介します。日本ではまだ会議支援アドボカシーは行われていませんので、イギリスの事例になります。社会的養護を必要とする子どもアドボカシーは健常児だけでなく障害児に対しても行われています。イギリスでは育成を受けている子どもと言います）の場合には特に、障害児も健常児と平等にアドボカシーを提供することが保障されています。まずご紹介するのは里親委託に不満がある子どもの事例です。

ジャスティンはバイク事故で脊髄損傷の障害が残りました。実家から数百マイルも離れた病院での入院治療を終えましたが、また実家から遠く離れた里親家庭で生活することになりました。意見が聴いてもらえず、実家の近くで生活したいという希望が無視されたので、ジャスティンは不満を感じていました。それでアドボカシーサービスに支援をもとめました。

ジャスティンと信頼関係を形成し、彼の望む支援はどのようなものかを理解するために、アドボケイトは二週間にわたって彼を訪問しました。その結果、アドボケイトはジャスティンの状況と彼が感じている問題を理解できるようになりました。

ジャスティンは実家の近くに移りたいと望んでいました。そこにはたくさん友達がいて、何としても彼らに会いたいと思っていたからです。また指定された里親家庭はバリアフリーが整っていないため、生活できないと感じていました。「実家の近くで暮らしたい」という手紙を彼はソーシャルワーカーに書きました。次の週に会議が開かれることになりましたが、実家の近くで行われるので、彼の健康状態では参加することが困難でした。

日常生活の様子を短いビデオに撮影し、アドボケイトに託して会議で上映してもらうことを彼は思いつきました。彼が作成した六分ほどのビデオは、家への出入りなどの基本的な行動すら困難な生活の様子を余すところなく映し出していました。リハーサルと練習を重ねることにより、実際には参加できなかったけれども、会議で彼自身が発言するのと同様の効果がありました。あたかも彼が実際に会議に参加しているようでした。

言葉や文字によっては表現することが難しい彼の実際の生活の様子を、ビデオによって伝えることができたのです。

(Kate Marcher Training（年不明）*Unit 309 Independent Advocacy with Children and Young People Self Study Pack* p.60)


アドボケイトの支援によって、ジャスティンは自分の希望を会議で表明することができました。先の会議支援アドボカシーのプロセスを歩んで、アドボケイトは支援を行ったのです。子ども自身が会議に参加することも多いのですが、参加が難しい場合にもこの事例のように会議の場でビデオなどを通して意見表明し、加えてアドボケイトが代弁します。それに向けた会議前の準備段階での支援が重要になります。

ジャスティンの事例のように、イギリスでは障害のある子どもも里親委託が一般的です。家庭的養育が重視されているのです。しかし施設や寄宿舎で生活している子どももいます。次にご紹介するのは、寄宿舎で生活している知的障害のある子どもの事例です。

アビは自閉症と知的障害がある一五歳の若者です。家から離れて寄宿舎に入り学校に通っています。アドボケイトは、再検討会議（個別支援計画の再検討を行うための定期的な会議）の準備と運営を手伝いました。アビとアドボケイトは一緒に、ボードメーカーの写真とステッカーを使って、会議に向けて話し合いました。アビの好きなもの嫌いなもの、好きな食べ物、好きな活動、誰に会議に来てほしいか等についてです。

当日アビとアドボケイトは会議の食べ物を買いに一緒に出かけました。アビとアドボケイトは会議の部屋を準備し、買ってきた食べ物と飲み物を並べました。すべてのことを、アドボケイトに助けてもらいながら、アビが中心になって進めました。再検討会議の時は、前もって考えてきた事とそれをどう進めたいかを自信を持って読み上げました。またソーシャルワーカーに直接質問することもできました。アビは、会議の中で専門職に自信を持って話し、自分の意見、好きなこと嫌いなこと、近い将来したいことを伝えました。再検討会議の準備と運営は、アビにとってとてもいい経験になりました。

(Council for Disabled Children (2009) *Making Ourselves Heard*, National Children's Bureau. 2009: 16)

このアビの事例では、アドボケイトがボードメーカーというツールを使って意見形成支援をしています。そして会議で本人が意見表明するのを支援しています。年齢の低い子どもとアビのように知的障害のある子どもは、意見決定・意見表明に支援を必要とします。厚生労働省が二〇一八年度に出した「認知症の人の意思決定支援ガイドライン」によれば、「意思決定能力は、説明の内容をどの程度理解しているか（理解する力）、またそれを自分のこととして認識しているか（認識する力）、論理的な判断ができるか（論理的に考える力）、その意思を表明できるか（選択を表明する力）によって構成される」とされています。年齢、障害、あるいはその両方の理由のために、多くの子どもは意思決定能力に制約があります。そのため子どもの障害や年齢に適した方法やツールを使用して、自分の状況や可能な選択肢を理解・認識し、その中から自分の望むものを考え・選択し、自分の選択を会議で表明できるように支援を行う必要があります。これには子どもアドボケイト独自の技術が必要になります。

# 第7講　子どもアドボカシーの実践②
## ――訪問アドボカシー

### ①訪問アドボカシーとは

訪問アドボカシーは、施設等へ訪問し子どもと関係づくりを行い、心配事や問題をできる限り早く認識することを目的にイギリスで発展してきました。一般的にチルドレンズホームには二週に一回、障害児施設などには週一回アドボケイトが訪問します。例えば、ウェールズのある地域で個別アドボカシーを行政から受託している民間団体から、障害児の短期居住型のレスパイトサービスへアドボケイトが毎週訪問しています。さらに独立寄宿特別学校にも二週間に一回訪問しています。

私たちも、このイギリスの実践を参考に、二〇一七年から大阪で児童養護施設と障害児者施設で施設訪問アドボカシーを行っています。

さて、施設訪問アドボカシーは先にお話しした個別アドボカシーへの子どものアクセスを保障するものだと私は思っています。その理由は、次のようなものです。

（1）措置などの重大な意思決定の際にアドボカシーを利用できるようにするためには、その準備段階として、日常生活におけるアドボケイトへのアクセスを保障することが必要だということ。

（2）日常生活上の意見表明におけるアドボカシーの利用経験がなければ、重大な意思決定におけるアドボカシーの利用も困難なこと。

（3）日常生活上の意見表明は、それ自体子どもの権利であり、アドボケイトによる支援が求められること。

（4）子どもの権利についての啓発や情報・経験の提供などのエンパワメント支援が、アドボカシー利用の準備段階として必要であること。

（5）施設内における虐待等の権利侵害を防止し、あるいは虐待等からの権利救済を行う上で、訪問アドボカシーが有効であること。

イギリスの代表的なアドボカシー団体の一つであるコーラムボイス（Coram Voice 2016）によれば訪問アドボカシーとは以下のようなものです。

私たちは、学校の寄宿舎、チルドレンズホーム、触法障害児施設（secure psychiatric units）、里親家庭等の全国の様々な場所に、行政やサービス提供団体等のシステムから独立した人と子どもたちが話すことができ、また支援を受けることができるようにするための訪問アドボカシーサービスを提供してきました。

このサービスのねらいは、行政からもサービス提供団体からも完全に独立した人の定期訪問により、ケア下にある子どもたちをエンパワーし保護することです。定期訪問によって、アドボケイトは子どもとの間に信頼関係を築きます。そして、子どもの願いと気持ちを表現する能力を高め、子どもにとっての紛争や困難を解決し、自分たちの生活に関わる決定に子どもたちが参画できるように支援します。

**支援方法：**

・訪問アドボケイトは生活施設を定期訪問します――通常二週間に一回。
・子どもへのサービス提供団体と連携します。
・訪問アドボケイトはアドボカシー管理者からスーパーバイズを受けます。管理者は半年ごとのサービス評価を行います。

**訪問アドボケイトの資質：**

・子どもに関する専門的な仕事の経験があります。
・子どもとも専門職とも協力して仕事を行うことができる優れた対人関係能力があります。
・子どもの権利と行政の法的責任に関する知識があります。
・ケア基準と施設の法的義務に関する知識があります。

**訪問アドボケイトの業務：**

・子どもが感じている困り事や心配事を傾聴します。

・子どもが問題を解決できるように支援します。通常はスタッフと連携します。
・「子どもアドボカシーサービス提供のための全国基準」に従います。
・子どもの権利を促進します。
（コーラムボイスホームページより）

アドボケイトは、ユニットのすべての子どもたちと知り合い、子どもからの相談を受けます。そして、子どもが問題を解決できるように、子どもと行政機関または施設職員等との話し合いに同席して意見表明を支援したり、懸念や願いを代弁しています。このように訪問アドボケイトは、長期に渡る訪問により子どもたちと信頼関係を築き、日常生活に関する懸念や苦情・希望について意見表明することを支援するものです。そして措置などに不満を感じた場合には、公的会議における意見表明や不服申立などを支援する個別アドボカシーに移行します。

### ②訪問アドボカシーの体制

初めてアドボケイトとして活動する方は、訪問アドボカシーから始めることをお勧めします。本格的な会議支援アドボカシーを始める前の準備期間としても、アドボケイトに貴重な経験を提供してくれます。またアドボカシー事業を始めたばかりのアドボカシーセンターは、まず訪問アドボカシーから始めるのが良いと思います。訪問アドボカシーの体制は**図表8**のようになります。

子どもアドボカシーセンターは、複数のアドボケイト、スーパーバイザー、事務局などで構成します。常勤・非常勤のアドボケイトが実際に個別アドボカシーや訪問アドボカシーを担当します。アド

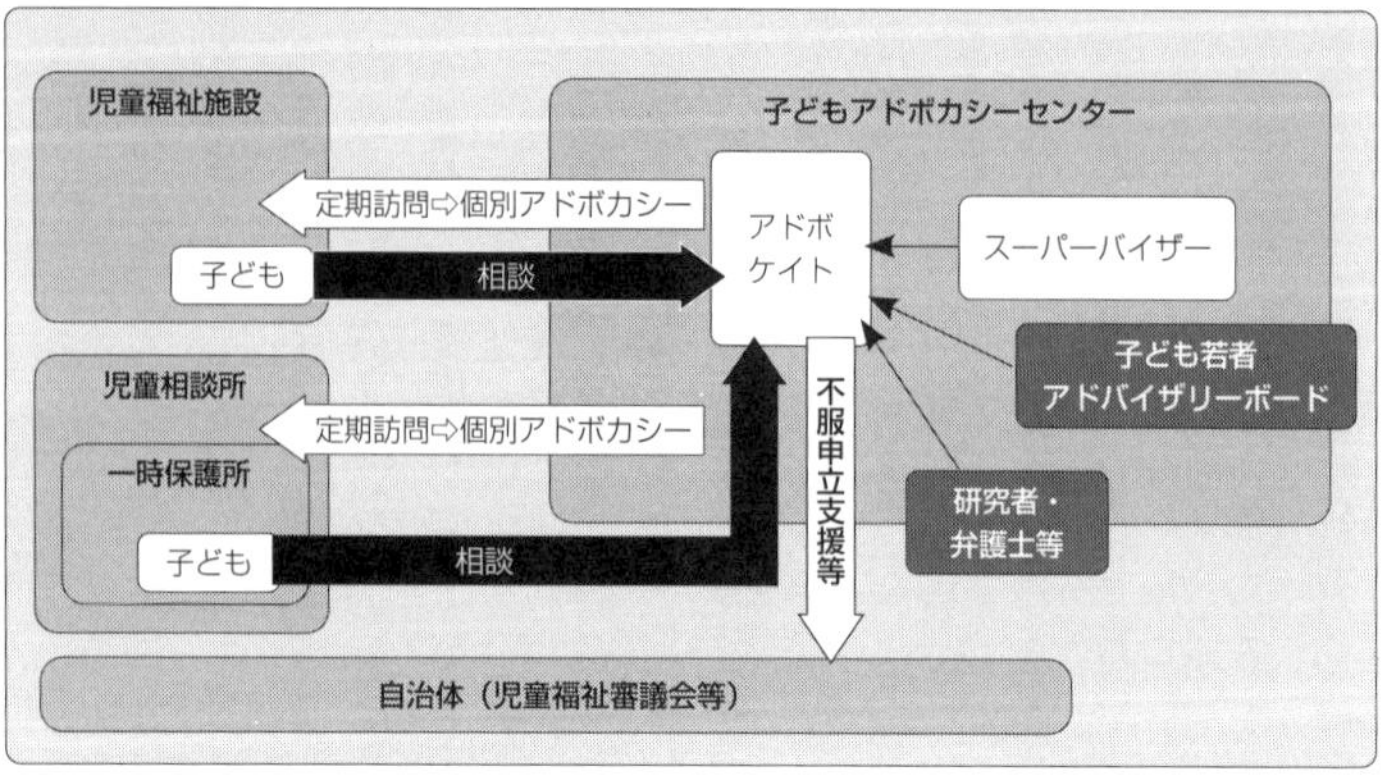


図表８　訪問アドボカシーの体制
作成：著者

ボケイトが定期／不定期に施設や一時保護所を訪問し、子どもと信頼関係を形成し、子どもがアドボケイトに相談できるようにします。子どもからの相談を受けたアドボケイトは、児童福祉施設の職員や里親に対する日常生活上の意見表明を支援したり、児童相談所の措置などに対する意見表明支援を行います。措置等の子どもの人生を左右する重大な意思決定についての会議支援アドボカシーは、知識や経験を持つアドボケイトが担当します。

各アドボカシーセンターでアドボケイトの支え手となるスーパーバイザーを決めます。スーパーバイザーは月一回程度、アドボケイトに対して、個別またはグループでのスーパーバイズを行ってアドボケイトを支えます。またアドボケイトの記録に目を通して、必要に応じてアドバイス等を行います。また研究者や弁護士などに協力者として登録してもらい、必要に応じて情報提供や助言を受けます。さらに「子ども若者アドバイザリーボード」を組織し、社会的養護経験者や障害当事者などの子ども若者に委員になってもらい、経験者の立場から情報提供や助言を受けることも重要です。

### ③訪問アドボカシーの実践

イギリスの実践をモデルとして、公益社団法人子ども情報研究センター（二〇一七～二〇一九年度）・子どもアドボカシーセンターＯＳＡＫＡ（二〇二〇年度～）と協働で、児童養護施設・障害児施設・障害者施設の三つの施設での訪問アドボカシーを行ってきました。このうち障害児施設での訪問アドボカシーについて、毎日新聞に次のように掲載されました。

公益社団法人子ども情報研究センター（大阪市港区）は英国を視察し、市民らが昨年六月から、関西にある障害児が暮らす施設を週一回訪問し、子どもたちと二時間過ごす。「施設も家もどっちもどっち」「（忙しそうなので介助が必要な）トイレに行きたいと言いづらい」など、少しずつ子どもたちが気持ちを語ってくれるようになってきた。重度の知的障害児が市民の手を引いてトイレに連れて行き、「見ていてね」とでも言うようにトイレの前に立たせて、用を済ませたこともあった。一年以上かけてお互いになじみ始め、手ごたえを感じているという。（二〇一八年一一月二三日「施設の子の声、市民が代弁」）

この障害児施設訪問アドボカシーのコーディネーター・スーパーバイザーは鳥海直美さん（四天王寺大学）が担当されました。ここで取り組まれた事例を紹介します。プレイルームに座っている視覚障害のあるＡさんは子どもたちが近寄ってくることに不安を感じていました。髪の毛をひっぱられていて、「やめて！」とＡさんは伝えるが、幼い子どもたちはやめようとしません。アドボケイトはこの状況を改善できないかと考え、職員に直接伝えてみることや、施設長などと定期的に行っている会議（システム検討会）で代弁することを提案しました。Aさんは「会議で代弁してほしい」と話しました。アドボケイトは会議で、Aさんの不安な気持ちを代弁しました。その結果、Aさんの周りに低い仕切りを立てることや、Aさんがくつろぐ部屋を階下に変更することになり、以前よりも安心できる環境で生活できるようになりました。

二つ目の事例を紹介します。アドボケイトと一緒に外出したBさんは、やっと選んだドーナッツを食べながら普段の生活についてなどたわいのないおしゃべりを続ける中で、「自分ひとりの部屋がなくて同じ部屋の子に自分の持ち物を触られる。それがいや……」と胸の内を明かしてくれました。その思いをじっくり聴いていき、アドボケイトから職員さんにその思いを伝えることになりました。その結果、個室は無理だけれど、「専用の鍵付きロッカーを用意する」ということになりました。Bさんは、意見を言えたことで自信を持ち、以前より安心して施設で過ごせるようになりました。

児童養護施設訪問アドボカシーのコーディネーター・スーパーバイザーは栄留里美さん（大分大学）が担当されました。子どもからは、「『毎日朝早く起きてくれてありがとう』と職員さんに伝えてもらった。不満だけではなく感謝も口に出そうと思うようになった」「アドが（先生の怒り方について）言ってくれたから先生が優しくなった。かなったのは嬉しかった」という声も聴かれました。また自立支援計画に子どもの声を反映させる支援を行い、子どもの願いが計画に盛り込まれ「お父さんと一緒にリレーがしたい」という夢がかなった事例もありました。こうした経験から、私たちは施設の子どもたちへの訪問アドボカシーの必要性を強く感じています。

以上の事例は『施設訪問アドボカシー物語——児童養護施設・障害児施設・障害者施設におけるアクションリサーチ報告書』（堀正嗣・栄留里美・鳥海直美・吉池毅志、二〇二〇年　熊本学園大学堀正嗣研究室）より引用しました。施設や病院などで生活している子どもたちは、たくさんのことを諦めざるをえない経験をしてきました。そのために、意見や願いを表現することすら諦めている子どももいます。これは権利侵害を受けてきた子どもに共通する心理です。こうした子どもの声に真摯に耳を傾け、代弁してくれるアドボケイトの存在は、子どもが自信や希望を取り戻す大きな力になります。

# 第8講　子どもアドボカシーの実践③
## ――障害児のアドボカシー

### ①障害児のアドボカシーが必要な理由

障害児のアドボカシーは、私がこだわって考え続けてきた分野です。障害がある子どもたちは社会の中で見えないところに追いやられてしまっています。障害の重い子どもたちや、親から離れて生活している障害児は自分の意見をしっかりと主張したり、自分の意思で自分の権利を守ったりすることが困難な状況に置かれています。

親と離れて施設や病院で生活している子どもたちの多くは、職員以外に自分の意見を代弁してくれる人はいません。職員がアドボケイトの役割を果たすことが必要なのですが、それが難しい現状もあります。多忙で子どもの声を聴く余裕がないかもしれません。また子どもの声よりも施設や病院の都合を優先させる圧力が働いています。施設や行政に向かって、子どもの願いを代弁することが、職場での自分の立場を危うくすることも考えられます。施設での職員による虐待や権利侵害もしばしば報道されます。こうした状況があるからこそ、子どもの声を聴き、代弁し、権利を擁護してくれる外部の第三者が必要なのです。

イギリスでは、障害を持つ子どもは、とりわけアドボカシーが必要な子どもと捉えられています。なぜでしょうか。

障害児にとってアドボカシーが重要な理由を、イギリスのナイトたちは次の三点に整理しています。

（1）子どもを低く価値づけるとともに、障害児をとりわけ脆弱で保護が必要な存在と認識する社会で育つこと。
（2）障害児は虐待とネグレクトの対象になりやすいこと。
（3）障害児は施設に入ることが多く、いくつかの施設ではいまだに虐待が行われていること。
（Knight, A. and Olive, C.M. (2008) Providing Advocacy for Disabled Children, Including Children without Speech, Olive, C.M and Dalrymple, J. eds. *Developing Advocacy for Children and Young people*, Jessica Kingsley Publishers.）

障害児に対する権利侵害は具体的には（2）（3）の形で現れます。国連子どもの権利委員会は「一般的意見9号」で「障害児が虐待の被害者となる確率は障害のない子どもの5倍である」と指摘しています。そして、家庭、施設、学校などにおけるこのような虐待が起きやすい背景には、「脆弱で無力な存在」と捉える障害児観があります。子どもアドボカシーは、このような障害のとらえ方と闘っていく必要があります。大切なのは、「障害児は無力だから、自分では何もできないからアドボカシーが必要だ」と考えないことです。そうではなくて、「障害児を無力な存在」にしている社会のあり方に抵抗することが必要なのです。

脊椎カリエスの障害を持って中学時代施設生活を送っていた樋口恵子さんは、次のように書いています。

そのあと母親に勉強しながら治療ができるところがあるから行ってみないかと勧められ、肢体不自由児施設に中学校二年になる時に入りました。私は自分が人と違うという事を早くから気付いていたので、自分のことは自分で説明しなければと思っていました。しかし、施設に入った時に、自分の事を説明することがわがままだと言われました。簡単なことなのですが、施設に入って三日目に総婦長さんが「慣れましたか?」と部屋を回ってきた時に、「足が冷えるので家からタオルケットか何か持ってきてもらっていいですか」と聞きました。そうしたら、「一人だけそんなわがままは許しません」と言われまして、ここでは、そういうことを言うことはわがままだと言われるのだということを学んだわけです。(樋口恵子『エンジョイ自立生活』現代書館、一九九八年)

私は子ども時代を施設で過ごした障害を持つ仲間から、同じような経験を聞いてきました。おとなの都合で子どもの生活を管理したり、子どもの意見や願いを聴かないことが行われてきたのです。このように子ども差別と障害児差別という二重の差別を受け、権利侵害を受けやすい障害児は、アドボカシーが最も必要な子どもなのです。日本における運動と制度化を考えていく時には、障害児のように不利な立場の子どもたちのアドボカシーがしっかりできるようにしていく必要があります。そのようになれば、すべての子どものアドボカシーの実現に繋がっていくと思っています。

「最後の一人の立場に」と言った人がいます。部落差別に対して運動してきた河内水平社の北井正一さんの言葉です。「救われ難い最後の一人の立場に立つ時に、私たちの本当の生き方があるのだ」とおっしゃいました。私もそうだと思います。障害のある子どもたちを置き去りにしないことを、ぜひお願いします。見えない存在にされている重い障害を持つ子どもたちが、本当に権利が守られる社会が実現した時に、すべての人たちの権利が守られる社会になると思います。

## ②三つの事例

次に障害児の個別アドボカシーの三つの事例をご紹介します。障害児のアドボカシーと障害のない子どものアドボカシーの同じ点と違う点について考えていただければと思います。

### 事例1

一一歳のエリオットは障害児施設で生活しています。エリオットには脳性マヒの障害があり車いすを使っています。またコミュニケーションにも困難を感じています。

「部屋の中でも外でも使える電動車いすが欲しくて施設の職員に訴えたけど、誰もそのために動いてくれなかった」とエリオットはチャリティー団体のボイスに訴えました。エリオットの依頼を受けて、ボイスは障害児のために働いた経験のあるフリーのアドボケイトを派遣しました。

彼女は、エリオットの意見と願いが聴かれるように支援することができました。またアドケイトの仕事の一部は、どんな権利があるかを子どもたちに伝えることでした。

エリオットのアドボケイトのジョーは、次のように言っています。

「エリオットの願いを保健福祉サービスで検討して貰えるようになるまでに長い時間がかかりました。エリオットが電動車いすの支給基準に該当することを行政に分かってもらうために、長い時間がかかったからです。またエリオットの以前の車いすは余りにも座り心地が悪かったので、彼にあった車いすを作るアセスメントのために、行政と議論しなければなりませんでした」

適切な車いすの予算が確保されました。ジョーの助けなしには、エリオットが行政に働きかけて予算を確保させ、電動車いすを手に入れるのは不可能でした。

（Voice（年不明）Elliot's Story、Voice ホームページより）

施設生活している子どもたちの日常生活に関する事は、施設長や職員が決めていきます。そうした中で、集団生活のため、規則や管理が優先されて一人ひとりの希望がかなえられないということも出てきます。そのため訴えても希望がかなわないこともあります。エリオットの場合には、安全面を優先して、「電動車いすは危険だ」と判断されたのかもしれません。そういった時に外からアドボケイトが来てくれて、子どもの話を聞いて子どもの願いが実現するように働いてくれることはとても大切なことです。

次に事例2をご覧ください。これは、イギリスに行った時にインタビューさせていただいたものです。アドボケイトは「こういう事例を私が担当しました」と教えてくれました。

## 事例2

重い自閉症の一七歳の若者の事例です。彼は一六歳までは母親と一緒に住んでいました。ところが母親に対して攻撃的になったので、母親が行政に相談して病院に入院して薬の投与を受けることになりました。そして今後は施設入所という方向になっていました。このときに、子どもの意思を確かめるためにアドボカシーの依頼がありました。アドボケイトは十数回病院へ行って話を聞き彼の様子を観察しました。母親や先生が来たときにどのような反応をするかなどです。彼はマカトンで、「家に帰りたい、お母さん恋しい」と訴えたので報告書が作成されました。この事例は裁判所の判断を仰ぐことになりましたが、最終的には自宅で生活できることになりました。

（Charters, interview）

子どもが施設に入る時、特に障害の重い子どもの場合には、親と専門職で話し合って決めることが多いと思います。けれどもイギリスでは、子どものこれからの生活に関わる重要な事柄について決める時は、子どもの意見を聴かなければならないということが法律で決まっています。そのため子どもにはアドボケイトを利用する権利があるとされています。ソーシャルワーカーなどが子どもに「アドボケイトという人がいるよ」ということを知らせて、子どもが希望すればアドボケイトが会いに行きます。このようにして、第6講でご説明した会議支援アドボカシーが始まります。この事例の場合はアドボケイトが病院に行って子どもの話を聴き彼の様子をしっかりと観察しました。そして、母親や先生が来た時の反応を見ていきました。

マカトン法という方法があります。言葉だけではなく、動作やシンボルを使いながらコミュニケーションしていく方法です。その方法で、「家に帰りたい、お母さんが恋しい」と訴えたので、「この子はそういう風に願っている」という報告書をアドボケイトが作りました。最終的には裁判所が決めることになりましたが、支援を受けながら自宅で生活ができるようになりました。もしアドボケイトがいなければ、親と行政との相談でこの子は施設に入所することになり、自宅に帰ることはできなかったと思います。

三つ目は重症心身障害児の事例です。

**事例3**

一九歳のアランは重度の身体および知的障害があり、複雑な医療的ニーズをもち、車いすを使用しています。彼のコミュニケーション方法は、主として金切り声をあげることと頭を振り回すことです。何か気に入らないものがあると叩き落としてしまいます。アドボケイトに照会された時、彼は施設で生活していました。アドボケイトの主な役割は、児童施設から適切な成人施設に彼が移行するのを支援することであり、成人サービスへの橋渡しをすることでした。アドボケイトはアランのことをよく知っていたので、新しい成人施設の職員がアランの好きなことと嫌いなことを理解し、その結果彼のニーズをより効果的に満たすことができるようにすることも役割でした。

（Knight, A. and Olive, C.M. (2008) *Providing Advocacy for Disabled Children, Including Children without Speech* ）

こういう重い障害のある子どもたちは在宅でも施設でも生活しています。重度障害のある子どもの場合であっても、意見表明権を保障するためにイギリスではちゃんとアドボケイトが派遣されます。これは本当に素晴らしいと思います。大変感動しました。

そしてアドボケイトの役割は、この子が児童施設から適切なおとなの施設に移行するのを支援することでした。つまりこの子が望む次の生活の場を見つけていく手助けをするということでした。

子どもの意見表明権、つまり子どもに関わるすべてのことについて、意見を言うことができる、聴かれる権利があるということはすでにお話ししました。障害児や社会的養護の子どもにとって特に重要なのは、どこで誰と住むのかということです。おとなであれば自己決定権があって、「あそこに行って誰と住む」と自分で決めることができます。でも子どもたちの場合はおとなが最終的に決めていますから、子どもの意見を尊重しておとなが決めていくという風にならないといけないのです。

## ③子ども主導の重要性

三つの事例を見てもらいましたが、どういう違いがあると思いましたか。イギリスの全国基準では、「アドボカシーは子どもの表現された許可と指示の下にのみ行動する」と言っています。一番の事例の場合、脳性麻痺があって車いすを使っていて言語障害がある子どもですけれども、自分の意思を言葉で明確に表現することができます。このような子どもの場合には、「子ども主導」の原則に基づくアドボカシーをしっかりと行う必要があります。子どもが権利行使の主体であるという子どもの権利条約の理念は、障害児にも差別なく適用しなければなりません。

しかし、脳性麻痺のような障害で言語障害があると、「この子は何もわからない」とか、「自分で考えたり決めたりする力がない」とか、「知能が低い」とかの偏見の目で見られてしまうことがとても多いのです。そのため「子ども主導」の原則が疎かになることがあってはいけません。

二つ目の事例の子どもはいかがでしょうか。知的障害を伴う重い自閉症のある子どもです。最初の事例の子どものように、言葉ではっきりと意見や希望を述べることはできません。でもアドボケイトの支援を受けることで、マカトン法により自分の希望を伝えることができました。

皆さん、ピープルファーストという団体をご存知でしょうか。ピープルファーストというのは、知的な障害がある人たちの当事者の団体、世界的な団体です。カナダから始まって日本でも活発に活動しています。ピープルとは人間という意味です。「私たちは障害者である前にまず人間なんだ、人間として扱ってほしい」という当事者の訴えをもとにしてできた活動です。そのピープルファーストの活動をしている熊本の当事者の人たちとお付き合いがあります。車いすを使う身体障害と知的障害がある人ですが、この人は私の障害学という授業に五年くらい来てくれました。「面白い面白い」と言って来てくれて、意見をたくさん言ってくれました。私のだけでなく、他の先生の講義にも出て積極的に質問しました。

知的障害のある人は、抽象的な事柄を理解したり考えたりすることは苦手ですが、物事の一番大事な部分、本質は何なのかということをしっかりと捉えています。声をあげて自分たちの権利を守ったり、自分で選んで決めることができます。知的障害があるからそうしたことができないということは偏見だと私は思っています。その人にあった形のきちんとしたコミュニケーションをとり、傾聴し支援をしていけば、障害が重い人も自分の意思をしっかりと表明することができます。だから子ども主導というのは、どんな障害の重い人でも守らなければならない原則だと思っています。

一方三番目の事例のアランの場合のように、言葉を全く話さない障害がある子どももたくさんいます。「金切り声をあげることと頭を振り回すこと」が彼のコミュニケーションの方法です。言葉でいろいろなことを話したり説明したりすることは、彼にはできません。だから彼が何を言おうとしているのか、言いたいのか、理解することは困難です。

では、そういう人の場合にはアドボカシーはできないのか、必要ないのかと言うと、決してそうではありません。自分で意見を表現することが難しい、言葉でできない、そういう人ほど権利侵害に遭いやすいし、誰かが代弁してその人の権利を守る必要性が高いのです。

そういう人たちのアドボカシーの方法として、イギリスであみだされてきているのが非指示型アドボカシーというものです。どんな障害がある子どももまず一人の子どもなのだ、一人の人間なのだというふうに見て、その人が意見を表明できるように支援する。と同時に、言葉で自分の意思を表明することが難しい、あるいはできない子どもたちの場合には、本人の言葉での指示によらないアドボカシーをも活用する必要があります。

## ④「障害の社会モデル」に基づくアドボカシー

「障害の社会モデル」は障害児のアドボカシーをされる方には必ず押さえておいてほしい事柄です。旧来の障害の捉え方は、「障害の医学モデル」と言って、障害の本質を個人の生物学的な、あるいは生理学的な機能や形態の損傷にあるとする考え方です。

私の大学の卒業生で聴覚障害のある人がいるのですが、人工内耳という機械を耳の中に埋め込んでいます。マイクでＦＭの電波を送って耳の中の受信機で受信して音が聞こえるという仕組みです。このマイクを通して他の人の声を聞くことができます。しかし、これがないと全く聞こえません。大学では当たり前のようにマイクを皆にまわしていました。

彼が卒業してある集まりに出て、そのことをお願いしたら、「なんでそんな面倒くさいことをせんといかんのじゃ。それは聞こえんあんたが悪いんだろう。あんたが諦めるしかないやろ」と言われたと怒っていました。なんて酷いことを言う人たちがいるんだと思って、私は憤りを持ちました。これが「医学モデル」です。

「学校に行けない、仕事にも就けない、あるいは結婚もできない、こうしたことは障害を持ったあんたが悪いから運が悪いと思って我慢してください」という考え方が医学モデルです。つまり障害の原因・責任は個人の身体機能の損傷であり、本人の努力で克服するか、それが無理なら社会参加は諦めてください、という考え方です。場合によっては「親が前世で悪いことをした因縁だから仕方がない」というような偏見も結びついています。このように存在そのものを否定的に見られてきているのが障害児者です。

そうした状況の下で、自信をなくしたり力を奪われたりしています。ある重度の障害者は、「車いすで街を歩いているとジロジロ見られる、好奇な目で見られる、それだけでも心が傷つく」と言っていました。あるいは別の人は、「『すいません、すいません』と、何も悪いことをしないのになぜいつも謝らないといけないのかと思う」と言っていました。また「すいません、すいませんといつも謝っている私はここにいたら駄目なのかな、ここにいること自体迷惑なのかなと感じる」と言っていました。

そういう経験を多くの障害児者はしているのです、そういう中で心が傷つき、自尊心が破壊され、他者や世界への信頼がだんだん無くなっていくのです。その結果無力感に囚われて「私は何もできないし、施設で一生終えるしかない」と思い込むようになっていくのです。

障害のある子どもたちは、そういう意味で権利を奪われている状態です。ですから、「障害の医学モデル」、つまり「あんたが悪い」という考え方ではなく、「障害は社会の仕組みによって作られているんだ」という考え方に転換していかないといけないわけです。これが今の時代の新しい障害の見方です。これを「障害の社会モデル」と呼んでいます。障害当事者が主張してきたこの考え方が、グローバルスタンダードになりました。二〇〇六年に採択された国連の障害者権利条約の基本理念になったのです。日本も二〇一四年に批准しました。

電動車いすを使って地域で生活している筋ジストロフィーの障害のある友人に私の授業で講演をしてもらいました。教室で教壇に上がってもらおうとすると、段があって上がれません。学生に手伝ってもらって上がりました。

その彼が最初に言ったことは、「僕はここに来るまでに自分に障害があると全く感じていなかった」ということでした。彼は外国製のパワフルな電動車いすを使っていて、すごく早いスピードで動くのです。歩くよりずっと早く走ります。だから歩くということについては何の不便もないわけです。大学に来てもエレベーターがあり、自然に上がって来られます。しかし、「教壇に段差があって、上がれないのを見た時に、僕には障害がある、僕は障害者だと感じた」という話をしました。

「まったくそのとおりだな」と私は思いました。もし、何の不便もなく社会の中で生活ができていれば本人は障害者だと感じることもないし、「自分はここにお呼びでないのかな、歓迎されてないのかな」とか、「自分のことは無視されている、軽視されている」と思う必要がないわけです。けれども段差を見た途端に「自分は障害者だ」と思うのです。そういう時に周りの人は、「かわいそうな障害者がいる」とか、「手伝ってあげないといけない」とか思ってしまいます。そういう社会の仕組みによって障害というのは作られるわけです。

これは、今言った物理的な段差だけの話ではありません。健常者が持っている偏見や慣習、制度等様々な障壁があり、障害をつくり出しているのです。

これも私のゼミの学生の話です。彼が健常者の友達と一緒に居酒屋に飲みに行こうと思ったら、入店拒否をされました。「目の不自由な方のお手伝いをしたことがないので、失礼があるといけないのでお断りします」と言われたということでした。どう思いますか。お断りするのが一番の失礼で差別そのものです。それなのになぜそんな風に言ってしまうのでしょうか。

「障害のある人に来てほしくない、めんどうくさい、いやだ」と思った。でもそういう風に断ると問題になるから、体よく断ろうと思ってそう言ったのかもしれません。あるいは、本当に視覚障害者の人と出会ったことがなくパニックになってどうしていいかわからなくてそういう風に言って断ってしまったのかもしれません。どっちにしても不当な差別的取扱いをしていることになります。そういう経験をすると、どこに行っても自分は拒否されるんじゃないかという恐怖心を持つようになってしまいますよね。

その学生が卒業する時に熊本市の障害者枠の公務員試験を受けようとしました。願書を取りに行ったら、「『点字の受験はやってないから字が読めない人は受けられません』と言われた」と怒って帰ってきました。それはおかしいと言って、みんなで団体を作って市に働きかける運動をしました。調べてみると、政令市で点字受験をしていないのは熊本市だけでした。熊本県には点字受験がありましたが、にもかかわらず市にはありませんでした。これは制度の不備です。

また障害児教育の今の日本の制度には大変な不備があります。障害の種類程度に応じて特別支援学校、特別支援学級に就学するという分離教育の制度になっているからです。国連が求めるインクルーシブな教育になっていないのです。そのため国連の子ども権利委員会から何度も勧告を受けています。日本が批准した障害者権利条約にも違反しています。

障害は社会が作っています。車いすで階段を上がれないこともそうですが、人々の心の問題、日常的な人付き合いの中での生じる問題、社会制度の問題、こういうことも全部含めて社会によって不利益を作られてしまっているのが問題なのです。

だから障害者権利条約が求める障害者の権利は、子どもの権利とは意味が違います。子どもの権利条約では、子どもには固有の権利である育つ権利とか守られる権利があると言っています。それらをしっかりと保障することと同時に、子どもの意見表明権を含む参加権を保障することを求めています。一方障害者権利条約は障害者のための特別な権利を求めているわけではありません。そうではなくて障害者が他の市民と全く同じように平等に権利が保障されることを求めているのです。障害児の権利についても書かれていますが、障害児が障害のない他の子どもと実質的に全く平等に生活ができ教育を受けることができることを求めているだけで、障害児の特別な権利を求めているわけではありません。ここは大きな違いです。

ピープルファーストの活動をしている知的障害のある人たちは言いました。「私たちは障害者である前に一人の人間です。人間として私たちを扱ってください」と。障害者権利条約は、障害者が訴えてきたそういう願いを基にした条約なのです。

そのように、社会モデルという所に立って考えると、冒頭のエリオットという子どもは、アクセス権とか移動権と言われる権利を侵害されています。自分で歩いて、あるいは乗り物に乗って好きなとこに行けるというのは、通常誰もが享受している権利です。エリオットは自分のニーズに合った電動車いすがなければ移動ができないわけで、平等に移動できる権利が保障されるためには、支援や合理的配慮を提供する必要があります。

二つ目の事例は子どもが親と一緒に通常の生活をする権利と関わっています。三つ目の事例は自分の望む場所で望む生活をする権利や地域社会で生活する平等の権利の問題が関わってきます。

すでにお話したように、この社会はアダルティズム（子ども差別）が構造化されています。社会で若い人の置かれている地位は低いのです。職場でも地域社会でも、「若い者の言うことは大したことない」とか、「若い者は下働き」とか、若い人が意見を言うと「生意気だ」とか、そういう風になってしまっています。若い人は軽く見られるということが社会で構造化されています。子どもたちは若者よりも、更に下に見られています。年齢によって差別構造が作られてしまっているのです。

アダルティズムをどう克服していくかというのは、子どもアドボカシーの本質的なテーマです。障害児は障害があるということによってさらに差別を受けているわけです。このように二重の差別を受けているのが障害児です。みなさんは、障害児のアドボカシーをしていくときには子どもの権利については理解していくことを前提にしながらも、同時に障害児者の権利とか、障害の社会モデルをしっかりと理解してアドボカシーをしていただきたいと思います。

## ⑤障害児の意見表明権とは

次に障害児の意見表明権についてご説明します。第2講でご説明したように、子どもの権利条約第一二条の意見表明権がアドボカシーの拠り所となる権利です。この一二条を障害児に即して理解するときに参考になるのが、第2講③でお話しした国連子どもの権利委員会「一般的意見七号」です。「乳幼児期における子どもの権利の実施」というもので、その一四は「乳幼児の意見及び気持ちの尊重」という表題がついています。そこには「最も幼い子どもでさえ権利の保有者として意見を表明する資格があるのであり、その意見はその年齢及び成熟度に従い重視されるべきである」と書かれています。

これを読んで、私は子どもの意見表明権というものがわかった気がしました。一つは「乳幼児の意見及び気持ちの尊重」と書いてあり、意見だけではなく気持ちを尊重することを求めている点です。言葉で自分の意見を伝えることができない、あるいは難しい子どもたちもいます。特に赤ちゃんは言葉では喋れません。しかし、その子どもたちも「権利の保有者として意見を表明する資格がある」と書いてあります。そして「その意見は年齢及び成熟度に従がい重視」しないといけないと書かれています。乳幼児の意見は子どもたちの非言語的な「気持ちの表現」を通して汲み取っていかないといけないということをはっきりと言っています。「乳幼児は未発達で未熟だから何も能力がないとか、家族、コミュニティおよび社会への参加者として行為主体者にはなれない」という考え方が間違っているということをはっきりと言っています。

私は、この乳幼児を障害児とも重ねて読んでいます。全く言葉を話さない重度の障害のある子どもたちはたくさんいますけれども、その子どもたちも乳幼児と同じように、必ず気持ちを表現しています。事例の一番最後にあったアランという子どものように、嫌な時は金切り声をあげる、バタバタ暴れる、あるいは、机の上の物を払いのける、そういう風に意見を表明しています。虐待を受け続けたり、ネグレクトのような状態に置かれたりしていると、そのような意見の表明を子どもたちはしなくなります。これはとても悲しいことです。金切り声をあげたりパンと落とすというのは、その子の素晴らしい力だと私は思います。そこをどう聴き取るのかというのが重要です。これは、赤ちゃんが泣いた時にその泣き声から子どもの気持ちや意見を聴き取る力と同じ力です。泣くというのは、小さい子どもたちにとっては意見表明の最大の方法です。

このように、どんな子どもにも意見表明権があることを前提として、障害者権利条約第七条三では、障害がある子どもについてこう規定しています。

締約国は、障害のある児童が自己に影響を及ぼす全ての事項について自由に自己の意見を表明する権利並びにこの権利を実現するための障害及び年齢に適した支援を提供される権利を有することを確保する。この場合において、障害のある児童の意見は、他の児童との平等を基礎として、その児童の年齢及び成熟度に従って相応に考慮されるものとする。

障害に適した支援がなければ意見表明権は保障できないということはわかりやすいと思います。一番わかりやすいのは、手話を使うろうの子どもの場合です。イタリアはインクルーシブ教育が世界一進んでいる国ですが、一九七七年の法律で特別支援学校や学級を廃止しました、イタリアではろう児が学校に入ると、手話通訳者がその子に付きます。そのことによって、その子は授業に参加できるし、自分の意見をしっかりと皆に伝えることができます。

イギリスの場合、ろう児ののアドボカシーをするときには手話が話せるアドボケイトが担当するか、手話通訳者がついていきます。そうしなければその子の意見表明権は保障できません。わかりやすい道理だと思います。更に言えば、先ほどの事例の二人目の子どもの場合には、知的障害のある子どもとのコミュニケーションの経験や、マカトン法についての経験がなければその子の言っていることはわかりません。あるいは三番目の子どものように、全く言葉を話さない障害児の意見表明権を保障しようとするとき、そういった子どもたちと仲良くなったりとか、気持ちをうまく理解できるような、経験や技術がある人でなければアドボカシーはできません。子どもの状況に応じて、知識や力、経験、技術のあるアドボケイトが必要なのです。

いろんなコミュニケーションのためのツールを利用するとか、メディアを使用することも必要です。大阪での訪問アドボカシーの経験でも、言葉では何も話さなかった子どもが、タブレットPCとアプリを使うことで、自分の気持ちや願いをはっきりと伝えてくれたことがありました。それが合理的配慮と言われていることです。段差があるときに段差をなくしてスロープを付けるのと同じです、スロープを持って来て付ければ障害のある人も何も困ることなくすっと上がれる、それと同じです。アドボカシーの前提となるコミュニケーションの段差ができないようにすることが重要です。

### ⑥非指示型アドボカシー

子どもアドボカシーセンターOSAKAで障害児施設の訪問をしていますが、中心になっているのはこれまで障害児の支援を経験してきた人ではなく、保育とか相談とかをやってきたアドボケイトです。このアドボケイトたちが、障害児の声を深く聴き取れるのです。アドボケイトが「障害のある子とあまり接したことがなかったので不安だったけど、出会ってみると他の子どもたちと同じだったので、なんだ同じだと思った」と話していたことに感動しました。当たり前のこととしてピープルファーストができているのです。そのことから考えると、子どもたちと仲良くできる感性とか、子どもの権利にしっかり取り組んできた経験があることが、障害児アドボカシーにとっても一番大切なのだと思います。障害についての専門知識や経験にこだわると、逆に子どもをありのままに見ることができない先入観になってしまうかもしれません。そうしたことは必要に応じて後から学んでいけばいいのです。

非指示型アドボカシーとは、子どもの言葉による明確な指示を受けずに行なうアドボカシーです。この方法はイギリスで開発されています。大きく四つぐらいの方法が活用されています。

一番大事なのは、人間中心アプローチです。その子の気持ちを理解したいと願って関わっていくと、その子がどういうことを望んでいるのかが不思議に伝わって、わかってくることがあります。そこを抜いてしまったらアドボカシーにはなりません。ですから、子どもと知り合って仲良くなって、その子の好きなことや嫌いなことがわかって、この子だったら今こういうことをしてほしいだろうだとか、こういうことは喜ぶだろうなとか、こういうのは嫌だろうなとか、そういうことを自分が子どもの身になってわかるようにならないとアドボカシーになりません。これが中心です。

しかし、それだけでは十分にアドボカシーを行うことが難しい場合もあります。例えば、オレンジジュースが好きかアップルジュースが好きかは、目の前に置いてあげると多くの障害のある子どもも選べますよね。こっちを飲んだ時は嬉しそうな顔をするとか、こっちを飲むと顔をしかめるとかで、わかるかもしれません。しかし卒業した後にどういう暮らしをしたいのか、Aというグループホームがあるし、Bという施設があるし、Cとして自立生活もあるよと言っても、言葉のない子どもにはわかりません。言葉で選ぶことはできないかもしれません。A、B、C、など様々な場を一緒に体験して、その時のその子の様子を観察して、気持ちや願いを推しはかる努力が必要です。けれども、それでも本当にそれがその子の気持ちや意見、願いに合っているかどうか確信が持てないかもしれません。

ここに非指示型アドボカシーのジレンマがあります。そのため、子どもの権利条約に規定された子どもの権利を拠り所に、この子にどんな権利があり守られていないのかと考えていくという方法と組み合わせたり、能力とかコミュニティへの参加とか、継続性とか、いうような指標を作って、そこがちゃんとできているかどうかを考えるという方法もイギリスでは開発されています。また、子どもの最善の利益は何なのかということを考えて、それを目指してアドボカシーを行う立場（最善の利益アプローチ）もあります。

しかしイギリスの子どもアドボカシー研究の第一人者のジェーン・ダリンプルさんは「最善の利益アプローチはアドボカシーではない」と言っています。言葉で表現されていようが言葉以外の方法で表現されていようが、子どもの願いの実現をめざして行うものがアドボカシーだからです。「最善の利益」を追求するのであれば、ソーシャルワーカーと変わりません。だから非指示型アドボカシーは、子どもの非言語的な表現から、気持ちや願いを推察することを基盤に行わなければならないのです。

またダリンプルさんは、次のようにもおっしゃっています。

私は、アドボケイトとして働いてきた経験から、コミュニケーションできない子どもというのはきわめて少ないことを学んできました。時間がかかるのは、その子どもがどのようにコミュニケーションを行うのかを理解することです。子どもが何を必要としているのか、何を選択するのかに関する理解を発展させていくことはできるのです。ですから私は、子どもがコミュニケーションできないと決めつけることは決してすべきではないと思います。むしろ、コミュニケーションに関わる特定のニーズを抱えた子どもの希望や気持ちを理解するために、アドボケイトには時間が必要なこともあるという前提に立って活動を進めていくべきです。(前出『子どもアドボカシー実践講座』)

「子どもがコミュニケーションできないと決めつけることは決してすべきではない」というのは重要な指摘です。安易に非指示型アドボカシーを行うのではなく、様々なコミュニケーション方法や意思表出支援を行い、子どもの意思を聴き取るための最大限の努力を行うべきです。様々な努力をしてもどうしてもうまくいかなかった場合に、最後の手段として、非指示型アドボカシーを行うのです。

# 第9講　子どもアドボカシー制度化に向けての政策の動き

## ①子どもアドボカシー制度化に向けての検討の始まり

一九八九年に国連で子どもの権利条約が採択され、日本政府は一九九四年に批准をしました。このことにより、条約を批准した国には、子どもの権利条約の実施状況を監視する国内人権機関の設置が求められました。

しかしながら日本政府にはそうした動きがありませんでした。そのため国連の子どもの権利委員会から再三にわたって勧告を受けています。直近の日本政府報告書への第四・五回総括所見（二〇一九年）は、「子どもによる苦情を子どもにやさしいやり方で受理し、調査しかつこれに対応することのできる、子どもの権利を監視するための具体的機構を含んだ、人権を監視するための独立した機構を迅速に設置するための措置」（平野裕二訳）を勧告しています。

そうした中で出てきたのが自治体の動きです。一九九九年に兵庫県川西市に、日本で初めて子どもの人権に特化した「川西市子どもの人権オンブズパーソン」という公的第三者機関ができました。私は初代のオンブズパーソンとして、この活動に関わりました。私がその時にモデルにしたものは、カナダのオンタリオ州の子ども家庭アドボカシー事務所の実践でした。日本で初めての子どもの人権オンブズパーソンの実践をつくる素晴らしい経験をさせていただきました。

もう一つは市民の活動です。大阪の公益社団法人子ども情報研究センターは一九七七年から子どもの権利を守る活動を進めてきました。その活動の中から、二〇二〇年六月にＮＰＯ法人子どもアドボカシーセンターＯＳＡＫＡが設立されました。また同年七月には名古屋に一般社団法人子どもアドボカシーセンターＮＡＧＯＹＡが設立されました。その他にも東京、広島、鳥取、福岡などで、市民団体が活動しています。そうした団体に参加されているメンバーは、市民活動として子どもの権利を守る活動、例えば社会的養護の当事者運動、チャイルドライン、ＣＡＰ、弁護士活動などを長くしてこられた方々です。これらすべての活動の基盤には子どもの権利を守るという精神が根付いています。それらを土壌にして、子どもアドボカシーが日本でも育ってきているのです。

このように自治体、民間の動きはありますが、国には未だに子どもの権利擁護機関がありません。自治体の権利擁護機関も三〇自治体ほどしかないのが現状です。市民によるアドボカシー団体も萌芽の段階です。先進国と比べて大変遅れているのが現状です。

こうした中で画期的な動きが、二〇一六年六月の児童福祉法の改正でした。子どもの権利条約の精神が児童福祉法の中に入ったのです。この改正を契機として、子ども権利擁護制度の構築に向けての検討が進んできています。図表9はこの間の動きをまとめたものです。

二〇一六年の三月に出た「新たな子ども家庭福祉のあり方に関する専門委員会報告」が、子どもの権利擁護制度の検討が始まった出発点です。「自分から声をあげられない子どもの権利が確かに保障

図表９　子ども権利擁護制度の構築に向けての動き

| 年月 | 事項 | 内容 |
| --- | --- | --- |
| 2016.3 | 新たな子ども家庭福祉のあり方に関する専門委員会報告 | 社会的養護を受けている子どもに関しては定期的に意見を傾聴し、意見表明支援や代弁をする訪問アドボカシー支援などが可能になる子どもの権利擁護事業や機関を創設することが必要である。 |
| .6 | 児童福祉法改正公布 | 「全て国民は…その（児童の）意見が尊重され、その最善の利益が優先して考慮され、心身ともに健やかに育成されるよう努めなければならない」（第２条） |
| 2017.6 | 新しい社会的養育ビジョン | 工程表に「平成31年度にモデル事業、それに基づきできるだけ早期にアドボケイト事業を実現する」「5年以内」記載 |
| 2018.3 | 船戸結愛さん虐待死 | |
| .3 | 『「都道府県児童福祉審議会を活用した子どもの権利擁護の仕組み」調査研究報告書』 | 全国の児童福祉審議会及び権利擁護機関の状況を調査し、子どもの権利擁護機関と民間団体が設置するアドボカシーセンターが連携して子どもの権利擁護を行う仕組みを提言 |
| .7 | 児童虐待防止総合緊急対策 | 「子どもの声を受け止める体制や子どもの声を代弁する仕組みを構築するためのガイドラインを年度内に作成し、子どもの権利擁護を推進する」 |
| .7 | 都道府県社会的養育推進計画策定要領 | 記載事項の（２）として「当事者である子どもの権利擁護の取組（意見聴取・アドボカシー）」を規定 |
| .8 | 平成31年度児童虐待防止対策及び社会的養育関係予算概算要求「子どもの権利擁護に係る実証モデル事業」 | 「3自治体・1自治体あたり8,175千円・10/10」 |
| .12 | 社会保障審議会児童部会社会的養育専門委員会市町村・都道府県における子ども家庭相談支援体制の強化等に向けたワーキンググループとりまとめの公表について | 「モデル実施を行った上で、速やかに全国展開に向けた必要な取組を進める」 |
| 2019.1 | 栗原心愛さん虐待死 | |

| | | |
|---|---|---|
| .2 | 国連子どもの権利委員会・日本政府審査報告書 | 「代替的養育」など「自己に関わるあらゆる事柄について自由に意見を表明する子どもの権利が尊重されていないことを依然として深刻に懸念する」として、「緊急の措置がとられなければならない」事項（パラ４）と勧告した。 |
| .3 | 『子どもの権利擁護に新たに取り組む自治体にとって参考となるガイドラインに関する調査研究報告書』 | 「児童福祉審議会を活用した子どもの意見表明及び関係機関の申立て・申出の仕組みに関して、都道府県等が取り組むべき体制整備、運用の指針を提示するものである」。相談がある子どもから、最初に話を聴きとるのは「意見表明支援員（アドボケイト）」となる。 |
| .6 | 児童福祉法改正公布 | 付則「政府は、この法律の施行後二年を目途として、児童の保護及び支援に当たって、児童の意見を聴く機会及び児童が自ら意見を述べることができる機会の確保、当該機会における児童を支援する仕組みの構築、児童の権利を擁護する仕組みの構築その他の児童の意見が尊重され、その最善の利益が優先して確保されるための措置の在り方について検討を加え、その結果に基づいて必要な措置を講ずるものとする」 |
| 2020.3 | 『アドボケイト制度の構築に関する調査研究報告書』 | 「一定の独立性を担保した意見表明支援員への外部委託等により、個別アドボカシーを実践する際の実施内容などについて総合的に言及しつつ、訪問型支援（アウトリーチ）によるアドボカシーを抽出して取りまとめている」 |
| .7 | 『子どもの権利を保障する法律（仮称：子ども基本法）および制度に関する研究会　提言書』 | 子どもの権利を守る国内人権機関として国と都道府県に子どもコミッショナーを置き、市町村の公的権利擁護機関及び市民のアドボカシーセンターと連携して子どもの権利守る仕組みを提案。 |
| 2021.3 | 『子どもの意見表明を中心とした子どもの権利擁護に関する調査研究報告書』 | アドボケイトに求められる資質の担保のため「専門性の涵養」と「適確性の確認」が必要なことを提示。民間団体の事務局機能の構築については、団体内の体制整備と関係機関との連絡・調整の必要性を提示。 |

| | | |
|---|---|---|
| .5 | 厚労省『子どもの権利擁護に関するワーキングチームとりまとめ』 | 「児童福祉法上、都道府県等は、意見表明を支援する者の配置など子どもの意見表明を支援する環境の整備に努めなければならない旨を規定するべきである。さらに、こうした規定を踏まえた自治体の取り組み状況を踏まえつつ、意見表明支援員の配置義務化についても着実に検討を進めていくべきである。」 |
| 2022.6 | 児童福祉法等改正公布 | 措置時等における「意見聴取等措置」を児童相談所長に義務づけ、都道府県に「意見表明等支援事業」を含む権利擁護の環境整備について努力義務を課す。 |

作成：著者

されているかを監視するためには第三者性を有する機関の設置が求められる」とはじめて明確に書かれました。また「社会的養護を受けている子どもに関しては定期的に意見を傾聴し、意見表明支援や代弁をする訪問アドボカシー支援などが可能になる子どもの権利擁護事業や機関を創設することが必要である」とアドボカシー制度の必要性も明確に書かれています。

さらに、「最終的には子どもの権利に係る他の分野、教育、少年非行なども含む総合的な子どもの権利擁護に係る第三者機関を目指すべきである」とあります。児童福祉だけでなく、学校も、病院も、少年院など司法に関係するところも、すべての領域に子どもの権利を守る第三者機関が必要だと言っているのです。子どもの権利というのはあらゆる事柄に関わっているので、すべての省庁を横断する総合的な子どもの権利擁護制度を国がしっかり作る必要があるわけです。そうした方向をめざしつつ、児童福祉領域における子どもの権利擁護制度の検討が始まったのです。

こうした中で、二〇一六年六月の児童福祉法改正を受けて、子どもの権利擁護のための第三者機関を全国で設置する方針を厚生労働省が打ち出しました。そして児童福祉審議会の活用について検討が行われてきました。「既存のものではなく新しい仕組みとしてしっかりとした第三者機関を作る必要がある」という意見もあったと聞いています。しかし、新たな形での第三者機関を作るのは時間がかかりますし大変な作業になります。「現にある機関を活用して第三者機関を作った方が簡単に作れるのではないか」という意見があり、最終的にはそちらになったそうです。そのようにして「児童福祉審議会を活用した子どもの権利擁護の仕組み」の検討が行われるようになりました。

### ②「新しい社会的養育ビジョン」におけるアドボカシー

二〇一六年六月の改正児童福祉法で、第一条に「児童の権利に関する条約の精神に則り」が入りました。第二条には「その（子どもの）意見が尊重されその最善の利益が優先して考慮され」が入りました。この部分はまさに子どもアドボカシーを根拠づける条文です。さらに「自分から声をあげられない子どもの権利を保障するために子どもの権利情報に係る第三者機関の設置を含めた実効的な方策を検討すること」という付帯決議が国会で行われました。

これを受けて、さらに具体化していく方向性として「新しい社会的養育ビジョン」（以下、新ビジョンとする）の中で、アドボカシーの必要性が随所に書かれ、制度化に向けての工程も示されました。この「新ビジョン」は素晴らしいものなので、アドボケイトをめざすみなさんにはぜひ目を通していただきたいと思います。

新ビジョンでは、様々な場でアドボケイトを利用できる制度を作る行程が具体的に書かれています。まず「児童相談所の決定に関して、児童福祉審議会が子ども本人、その代理人もしくはアドボケイト、要対協から申請を受けて子どもの権利が擁護されているかの審査に関し、モデル事業（平成三〇

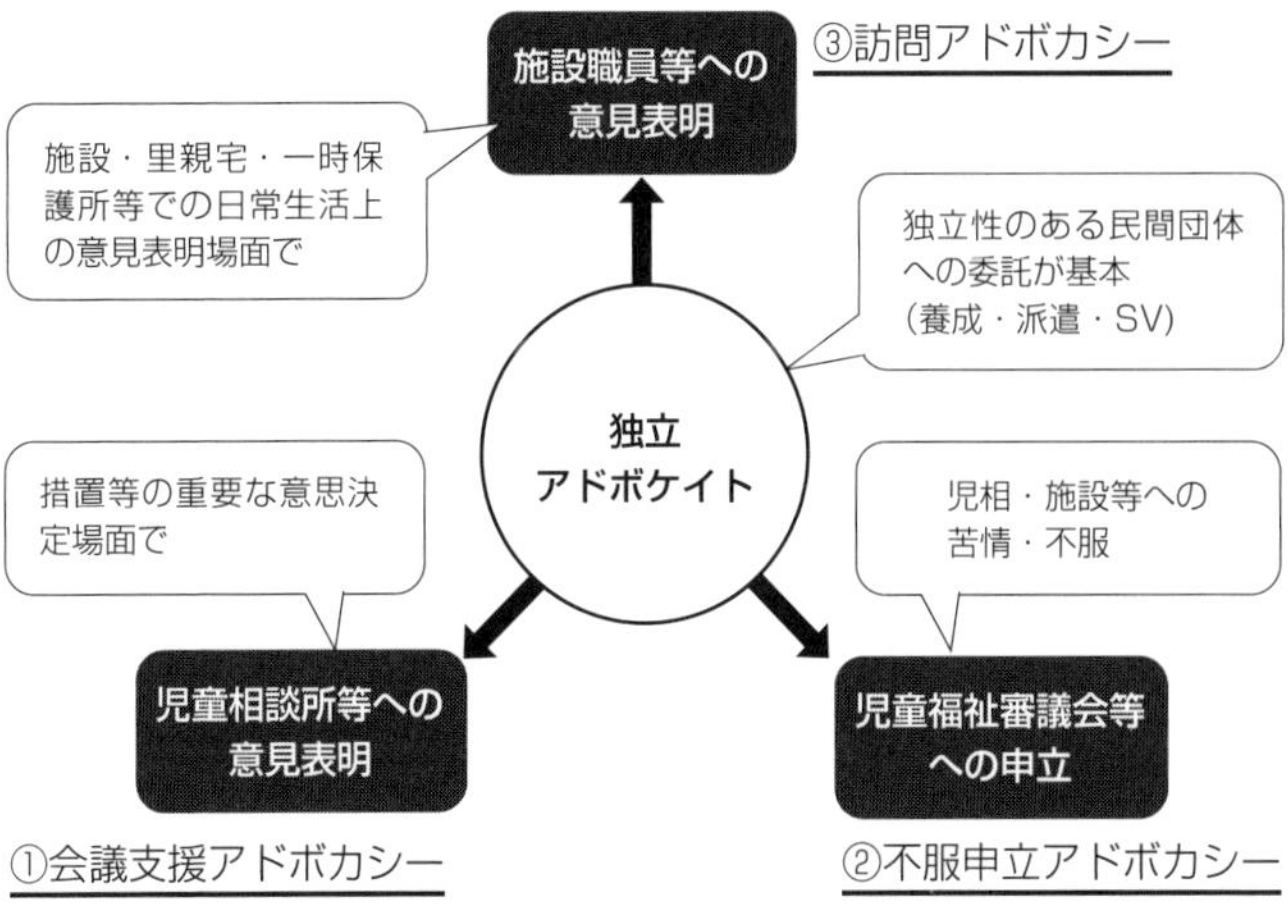


図表10　子ども福祉における個別アドボカシーの対象
作成：著者

年度）を行い、その仕組みを提示する（平成三一年度）」と書かれています。もう一つは、訪問アドボカシー事業です。これも工程表通りに進めば二〇二〇年度には整備をされて全国で訪問アドボカシーが受けられる体制が作られることになっています。

**図表10**をご覧ください。新ビジョンにおけるアドボカシーの対象は、私の言葉でいうと、「訪問アドボカシー」、「会議支援アドボカシー」、「不服申立アドボカシー」の三つに分かれます。「訪問アドボカシー」は、児童福祉施設、一時保護所等を定期的あるいは不定期に訪問して、子どもたちが感じている日常生活上の問題への意見表明を支援するものです。「会議支援アドボカシー」は措置、措置変更、措置解除などの重要な意思決定が行われる会議の際に、児童相談所等への子どもの意見表明を支援するものです。「不服申立アドボカシー」は、施設や児童相談所等で子どもの意見が聴いてもらえない時に、あるいは子どもの意見とは異なる決定が行われたときに、児童福祉審議会等に不服を申し立てるものです。その際

にアドボケイトによる支援が行われます。

この三つのうちで、最も重要なのは「会議支援アドボカシー」です。意見や気持ちが聴かれず家に帰されたことで虐待により命を奪われてしまった結愛さんと心愛さんの悲惨な事件がありました。また相模原市の児童相談所に親からの虐待を訴えて助けを求めた中学生がいました。「助けてほしい」と中学生がコンビニに頼み込んだのです。「親のところに帰ったらまた暴力を振るわれるから児童養護施設で暮らしたい」と訴えたのです。ところが保護してもらえませんでした。それで自殺を図り亡くなってしまいました。二〇一六年二月に起きた事件です。こういった事件を見ると、措置等の際に子どもの意見や気持ちがしっかりと聴かれ考量されるかどうかが、子どもの生命や人生を左右する重大な岐路になっていることが痛感されます。

子どもアドボカシーの核になるものは「会議支援アドボカシー」です。施設や一時保護所等における「訪問アドボカシー」は、日常生活上の子どもの意見表明を支援することや虐待防止などの独自の意味がありますが、会議支援アドボカシーを子どもが利用できるようにするための準備段階としての役割も重要です。また「不服申立アドボカシー」は、訪問アドボカシーや会議支援アドボカシーによっても子どもの意見や願いが聴かれない場合に行われるものです。

### ③制度化に向けての国の動き

二〇一七年度の厚生労働省の公募調査研究事業の中に「都道府県児童福祉審議会を活用した子どもの権利擁護の仕組み」という研究課題がありました。児童福祉法改正と「新しい社会的養育ビジョン」を受けて、「子どもの権利擁護の仕組み」を策定するための基礎資料を得ることが目的でした。

この研究課題に公益社団法人子ども情報研究センターが採択をされました。そして大学教員、弁護士、社会的養護経験者、行政、市民のアドボケイトで委員会を作って、二〇一八年三月に報告書をまとめました。私はその座長を務めました。

子どもアドボカシーのモデル事業を行う前段階での実態調査と提言を私たちは行いました。具体的には全国の児童福祉審議会の状況を調査した結果、児童福祉審議会における子どもの権利擁護がほとんど機能していないことが明らかになりました。また公的第三者機関（自治体が設置する子どもオンブズパーソン等）を調査し、その制度と活動を参考に制度提案を行いました。都道府県児童福祉審議会のもとに子どもオンブズパーソンをモデルとした子どもの権利擁護機関を設置し、この機関と民間団体が設置するアドボカシーセンターが連携して子どもの権利擁護を行う仕組みです。子どもアドボカシーセンターの財源や権限は行政が担保します。私たちのこの報告書は、その後の検討の基盤として活用していただいています。

二〇一八年三月に船戸結愛さん（五）の虐待死事件が起きました。父親からの度重なる暴力と過度の食事制限により衰弱死した事件で、社会に大きな衝撃を与えました。児童相談所は一時保護しましたが、結愛さんが「家に帰りたくない」と訴えリスクがあったにもかかわらず一時保護を解除してしまいました。結愛さんの声をしっかりと聴き、リスク評価に反映させることを怠っていたのです。

この事件を受けて二〇一八年七月に「児童虐待防止総合緊急対策」が策定され、「子どもの声を受け止める体制や子どもの声を代弁する仕組みを構築するためのガイドラインを年度内に作成し、子どもの権利擁護を推進する」と明記されました。

また、「新しい社会的養育ビジョン」で掲げられた取組を通じて、「家庭養育優先原則」を徹底し、子どもの最善の利益を実現していくために、二〇一九年度末までに「社会的養育推進計画」を策定することを国は都道府県に求めました。そしてそのガイドラインとなる「都道府県社会的養育推進計画策定要領」で、記載事項の（２）として「当事者である子どもの権利擁護の取組（意見聴取・アドボカシー）」を規定しました。記載事項（１）は、「都道府県における社会的養育の体制整備の基本的考え方及び全体像」ですから、実質的には「意見聴取・アドボカシー」が最重要な事項とされたといえます。また本文には以下のように詳細に記載されました。

措置された子どもや一時保護された子どもの権利擁護の観点から、当事者である子どもからの意見聴取や意見を酌み取る方策、子どもの権利を代弁する方策について、各都道府県の実情に応じた取組を進めること。併せて社会的養護に関する施策を検討する際にも、当事者である子ども（社会的養護経験者を含む。）の複数の参画を求めることとし、第三者による支援により適切な意見表明ができるような取組を行うこととする。

二〇一八年八月には、厚生労働省の次年度予算概算要求に「子どもの権利擁護に係る実証モデル事業」（三自治体・一自治体あたり八一七五千円・一〇／一〇）が盛り込まれました。同年一二月には、「社会保障審議会児童部会社会的養育専門委員会市町村・都道府県における子ども家庭相談支援体制の強化等に向けたワーキンググループ」のとりまとめの中で、「モデル実施を行った上で、速やかに全国展開に向けた必要な取組を進める」ことが記載されました。ですがこのモデル事業に応募した自治体が二〇一九年度にはありませんでした。モデル事業はその後毎年募集が行われており、採択される自治体も増えてきました。二〇二二年度には一自治体あたり一千万円で募集が行われ、宮城、大阪、山口、大分、熊本など多くの自治体で実施されています。

二〇一九年一月には、栗原心愛さん（一〇）の虐待死事件が起きました。心愛さんの場合にも、児童相談所は子どもの声を聴き考慮することを怠っていました。千葉県の第三者委員会の検証報告書は、「（支援の中で）心愛さんの意向が尊重されていない可能性」を指摘し、改善策として「子どもの利益を最優先し、子どもが意見を述べる機会を保障し、尊重する」ことを提言しています。

同年二月には、国連子どもの権利委員会が、「日本政府審査報告書」において、「（代替的養育などにおいて）自己に関わるあらゆる事柄について自由に意見を表明する子どもの権利が尊重されていないことを依然として深刻に懸念する」とし、「緊急の措置がとられなければならない」と勧告しました。

同年三月には、厚生労働省公募調査研究である『子どもの権利擁護に新たに取り組む自治体にとって参考となるガイドラインに関する調査研究報告書』（三菱ＵＦＪリサーチ＆コンサルティング株式会社受託）が発表されました。これは、先のモデル事業に取り組む自治体や、「社会的養育推進計画」を策定する自治体の参考となるガイドラインを示したものです。児童福祉審議会に子ども権利擁護部会を設置し、相談や中立を希望する子どもから最初に話を聴きとる「意見表明支援員（アドボケイト）」の配置と、独立性の観点からその外部委託を基本とする具体的制度提案が行われており、重要な意味を持つものです。後ほど詳しくご説明します。

さて二〇一九年六月には児童福祉法改正が行われ、付則で以下のように規定されました。これにより、二〇二二年度に子どもの意見表明権を保障する措置を講じることが決められました。

政府は、この法律の施行後二年を目途として、児童の保護及び支援に当たって、児童の意見を聴く機会及び児童が自ら意見を述べることができる機会の確保、当該機会における児童を支援する仕組みの構築、児童の権利を擁護する仕組みの構築その他の児童の意見が尊重され、その最善の利益が優先して確保されるための措置の在り方について検討を加え、その結果に基づいて必要な措置を講ずるものとする。

同年一二月には、厚生労働省は子ども家庭局長の下に「子どもの権利擁護に関するワーキングチーム」を設置しました。改正された児童福祉法の付則を踏まえて、「子どもの権利擁護に関する国内外の事例収集や課題の検討等を行うこと」が目的です。具体的な検討事項は、「（1）子どもの意見表明を支援する仕組みの在り方・（2）子どもの権利を擁護する仕組みの在り方・（3）その他子どもの権利擁護の在り方」となっています。ワーキングチームで報告書のとりまとめを行った後に、社会保障審議会で制度設計が行われるものと思われます。

二〇二〇年三月には、厚生労働省公募調査研究である『アドボケイト制度の構築に関する調査研究報告書』（三菱ＵＦＪリサーチ＆コンサルティング株式会社受託）が発表されました。ここでは国内外の先進事例の調査を踏まえて、「アドボカシーに関するガイドライン案」が示されました。日本における独立アドボカシーの制度化に向けて制度設計を行う素晴らしいものであり、後にご説明いたします。

また日本財団は「子どもの権利を保障する法律（仮称：子ども基本法）および制度に関する研究会」（二〇一九年一〇月〜二〇二〇年五月）を設置し、「報告書」を発表しました。そこでは、子どもの権利を守る国内人権機関として国と都道府県に子どもコミッショナーを置き、市町村の公的権利擁護機関及び市民のアドボカシーセンターと連携して子どもの権利を守る仕組みを提案しました。

二〇二一年三月には、厚生労働省公募調査研究である『子どもの意見表明を中心とした子どもの権利擁護に関する調査研究報告書』（三菱ＵＦＪリサーチ＆コンサルティング株式会社受託）が発表されました。そこでは、民間団体である子どもアドボカシーセンターＯＳＡＫＡが行った試行実践の成果などを踏まえて、アドボケイトに求められる資質の担保のため「専門性の涵養」と「適確性の確認」が必要なこと、また民間団体の事務局機能の構築のために団体内の体制整備と関係機関との連絡・調整が必要なことなどを示しています。

二〇二一年五月には厚生労働省『子どもの権利擁護のためのワーキングチームとりまとめ』が発表されました。そこにはアドボケイトの配置について以下のように記載されています。

「児童福祉法上、都道府県等は、意見表明を支援する者の配置など子どもの意見表明を支援する環境の整備に努めなければならない旨を規定するべきである。さらに、こうした規定を踏まえた自治体の取り組み状況を踏まえつつ、意見表明支援員の配置義務化についても着実に検討を進めていくべきである。」

私は他の構成員と共同で「アドボケイトの配置義務化を児童福祉法に規定すべきである」とする意見書を提出しましたが、残念ながら義務化はとりまとめには記載されませんでした。

その後、社会保障審議会社会的養育専門委員会で検討が行われ、二〇二二年六月の児童福祉法改正により、独立子どもアドボカシーに関わる事業として「意見表明等支援事業」が新設されました。この改正の施行は、二〇二四年四月となりました。これは、施設入所や里親委託などの処遇決定の際に、

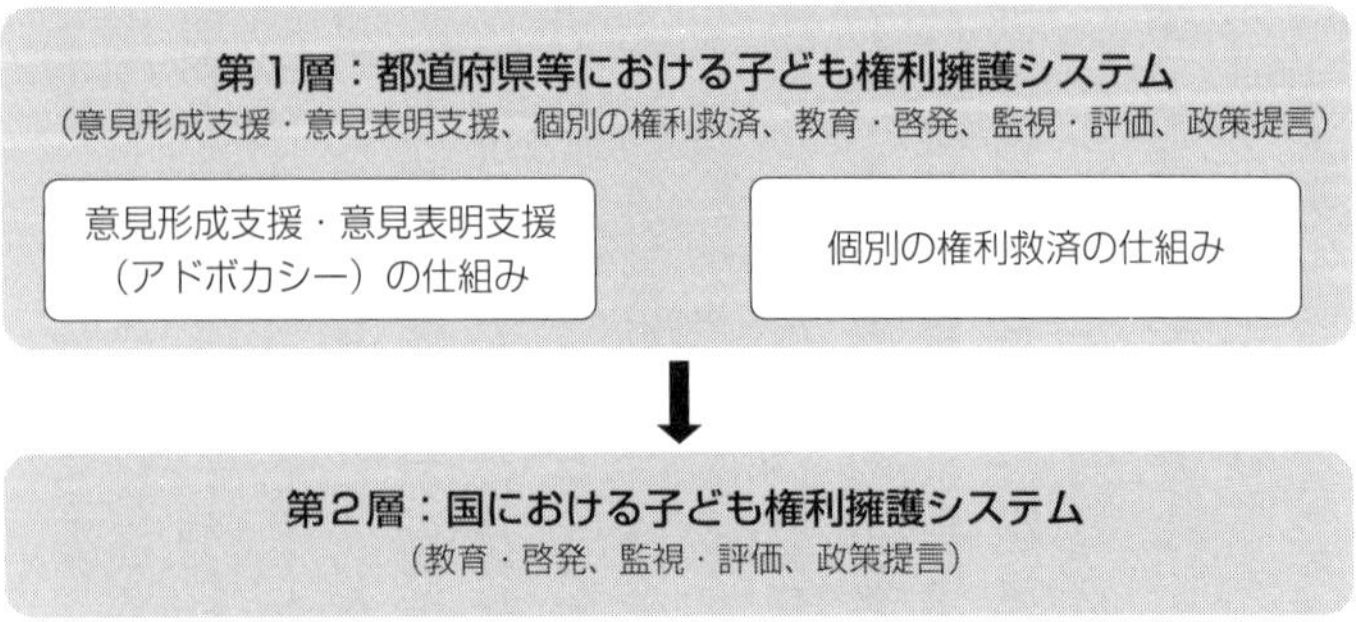


図表 11　子ども権利擁護システムの全体像と有すべき機能
（『アドボケイト制度の構築に関する調査報告書』p.4）

あるいは代替養育における生活環境や支援のあり方などに関する「意見又は意向について、児童の福祉に関し知識又は経験を有する者が、意見聴取その他これらの者の状況に応じた適切な方法により把握するとともに、これらの意見又は意向を勘案して児童相談所、都道府県その他の関係機関との連絡調整その他の必要な支援を行う事業」だと規定されています。

この事業の新設は画期的ですが懸念もあります。第一に、児童相談所などの意見聴取を補助する「子どものニーズの聞き取り要員」としてアドボケイトが使われてしまうことへの懸念です。第二に、「弁護士、社会福祉士等なら誰でもできる」と誤解されてしまうことへの懸念です。独立アドボカシーの専門性がないまま、これまでの「知識や経験」に頼ってこの事業を行うならば、形骸化は避けられません。第三に、「意見又は意向を勘案して」とありますが、アドボケイトは子どものマイクであり「勘案」してはなりません。またアドボケイトの役割は子どもの意見表明と意見実現の支援であり、関係機関との「連絡調整」ではありません。

アドボケイトの独立性・専門性・役割が、条文に明記されていないことは極めて遺憾です。

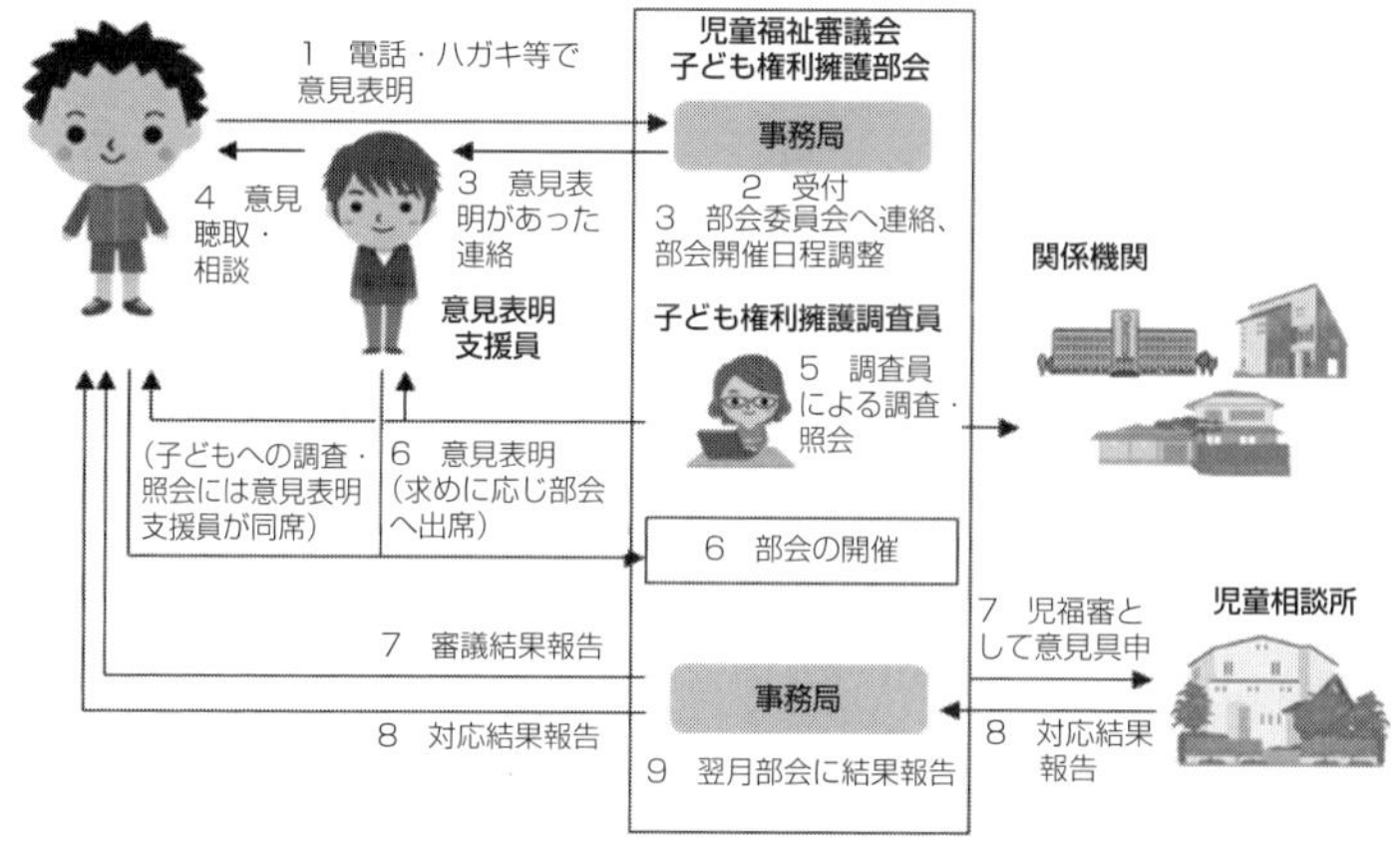


図表12　児福審を活用した子どもの意見表明モデル（その1）（電話・はがき等で意見表明する場合）（『子どもの権利擁護に新たに取り組む自治体にとって参考となるガイドラインに関する調査研究報告書』p.1）

### ④「児童福祉審議会を活用した権利擁護の仕組み」とその課題

現在検討が進められているのは、「児童相談所の措置等を受ける子ども」の「個別の権利救済」を都道府県児童福祉審議会が担い、「意見形成支援・意見表明支援（アドボカシー）」をアドボケイト制度が担い、両者が連携して子どもの権利を守る仕組みです（**図表11参照**）。「国における権利擁護システムの構築」も課題となっていますが、具体的な検討は始まっていません。

ここではまず、児童福祉審議会を活用した「個別の権利救済の仕組み」について見ていきます。児童福祉審議会は都道府県・指定都市・中核市に設置義務があります。子ども、妊婦、知的障害者の福祉について、審議をして意見を述べることなどが役割です。里親への措置に関して審議する部会や施設等での子どもの虐待について審議する部会、死亡事例等の検証部会などがあります。福祉関係者、大学教員、弁護士などが委員を務めて、行政の担当部が事務局として運営をされています。

この児童福祉審議会を活用して「個別の権利救済」を行う仕組みの検討は、二〇一九年三月の「子どもの権利擁護に新たに取り組む自治体にとって参考となるガイドライン案」に示されています。その概要は**図表12**のようなやり方です。

例えば、措置や日常生活に懸念や苦痛を感じているのに、児童相談所・施設等がきちんと意見を聴いて尊重してくれない時に、都道府県児童福祉審議会の中に設置された子ども権利擁護部会事務局に電話やはがきでSOSを出します。施設職員や関係機関が連絡・申し立てをするパターンも想定されていますが、子どもからの相談が基本型です。そうすると子ども権利擁護部会事務局は子どもの意見を聴く「意見表明支援員」（外部委託が基本）を派遣します。そして必要があれば、子ども権利擁護部会スタッフである「調査員」が調査をします。子どもの意見と調査の結果を受けて、適切な支援ができているのかどうか、判断ができているかを部会を開いて審議します。そして支援、措置が適切に行われるように、関係機関や児童相談所に意見具申をします。

現状はどうかという調査を二〇一七年に私たちは行いました。その結果、子どもからの相談はほとんどないことがわかりました。調査報告書には次のように書かれています。

> 平成二八年度に子どもから児童福祉審議会に届いた連絡や相談は、回答のあった六四自治体のうち三自治体で五件であった。……中略……
>
> 五件の内容は、日常生活上の不満（食事の不満、仲間との関係不良など）や、入所理由等についての不満（入所の理由や期間について納得していない）、職員からの扱いに対する不満など

であり、施設や児童相談所による調整等ですべて解決している。（公益社団法人子ども情報研究センター『「都道府県児童福祉審議会を活用した子どもの権利擁護の仕組み」調査研究報告書』、二〇一八年）

全国の六四自治体中三自治体五件しか、子どもからの相談は受けていないのです。しかもそれらは、「施設や児童相談所による調整等ですべて解決している」事案なのです。この結果は、現状の児童福祉審議会が子どもアドボカシーや権利救済機能を果たしていないことを示しています。

インタビュー調査では「第三者機関である子どもの権利擁護機関を児童福祉審議会に作るということは難しいのではないか」という意見を児童福祉審議会スタッフから伺いました。それは次のような理由でした。

（1）現状でもとても忙しいので新たな形での第三者権利擁護機関を事務局が担当することになると、予算と人員を増やしてもらわないと子どもから相談を受けて迅速に調査をするということは難しい。

（2）子どもの権利擁護部会を開いて審議することになるが、委員も多忙で頻繁に会議を開くことは難しい。何ヶ月も先にしか開けないかもしれない。子どもが「いますぐ助けてほしい」と言っても対応できない懸念がある。

それから第三者性の問題もあります。児童福祉審議会を運営している事務局は、行政機関なので第三者性が担保されていません。さらに事務局職員は福祉の専門職が担当しているとは限りません。福祉とは違う部署から来ている行政職の方も多いのです。そういった方が子どもからの声を聞いて適切に対応するのは難しい現状があります。そこで児童相談所にお願いして子どもからの聞き取りに行ってもらっているという話も聞きます。そうすると児童相談所と一体になってしまい第三者性がなくなってしまうのです。

このような様々な懸念があります。根本的には、子どもの権利救済機関が児童福祉審議会の一部会となっており独立していないことが課題です。もう一つは児童相談所の措置等を受ける子どもへの支援のあり方が対象になっていて、それ以外の子どもや場面が対象になっていないことです。子どもたちにとって、学校は日中の大半を過ごす生活の場で、いじめとか権利侵害も一番起きています。学校も含めてすべての子どもを対象にしていかないと限界があると思います。

期待していることは、厚労省が「子どもの権利擁護機関を各都道府県に設置する」ことを決めた時に、「この機会に全ての子どもを対象に新たな権利擁護機関を作ろう」と条例で決めて予算を取り、その中で社会的養護を受けている子どもの権利擁護をも実施する自治体が出てくることです。そういう形にした方が実効性があるし、行政としての先進性を示せると思います。ぜひともそういうところが増えていってほしいと願っているところです。

### ⑤「アドボカシーに関するガイドライン案」の意義

二〇二〇年三月に発表された「アドボケイト制度の構築に関する調査研究報告書」は、先の図表11の「意見形成支援・意見表明支援（アドボカシー）の仕組み」（以下「アドボケイト制度」とします）を構築するために行われた調査研究の報告書です。その中に「アドボカシーに関するガイドライン案」が収録されています。内外の先行事例と研究成果を踏まえた素晴らしいものだと感じています。第5講でご説明しました「エンパワメント」・「子ども中心（主導）」・「独立性」・「守秘」・「平等」・「子ども参画」が「独立（専門）アドボカシーを実践する上での基本原則」として記載され、これらを踏まえたガイドラインとなっています。

児童福祉審議会を活用した子どもの権利擁護の仕組みは「個別の権利救済」を目的とするものです。それに対してこのガイドラインが構想する「アドボケイト制度」は子どもの「意見形成・意見表明支援（アドボカシー）」を行う「独立専門アドボケイト」の制度化を目的とするものです。この両者が相まって、子どもの権利擁護が十全なものとなるのです。

ガイドライン案では、このことを次のように記しています。

> 平成三〇年度調査によるガイドラインでは、児童福祉審議会の中に子ども権利擁護に関する専門部会（子ども権利擁護部会）を設置し、また同時に意見表明支援員を行政機関から一定の独立性をもたせた形で配置することで、子どもの意見表明や関係機関の申し立てに適切に対応する体制を示している。
>
> 他方、本ガイドライン案ではアドボカシーの概要を整理したうえで、一定の独立性を担保した意見表明支援員への外部委託等により、個別アドボカシーを実践する際の実施内容などについて総合的に言及しつつ、訪問型支援（アウトリーチ）によるアドボカシーを抽出して取りまとめている。本ガイドライン案は児童福祉審議会内への部会設置を妨げるものではなく、むしろ、部会

設置等による子どもの権利救済機関の整備と併せて、子ども権利擁護システムを強化すると位置付けることができる。

このガイドライン案ではアドボケイトのことを「意見表明支援員」と呼んでいますが、その役割は以下のようなものです。

意見表明支援員は、何らかの方法で対象となる子どもからの要請があれば、その要請に速やかに対応し、支援を実施することになる。子どもからの自発的な意見表明や申立てを受けて権利救済等につなげる支援をする場合や、子どもの日常生活場面（一時保護所、里親家庭、施設など）への訪問型支援（アウトリーチ）を実施し、子どもとの積極的な関わりの中で意見形成や意見表明を支援する場合もある。……中略……

意見表明支援員の活動は、自身が独立（専門）アドボカシーとして子どもへの直接支援を担うことにとどまらず、他の支援提供者・養育者への研修や地域社会への啓発活動等を通じて各種アドボカシー等の推進に関与したり、組織に所属している場合は所属組織を通じて社会的養育の改善に関与することで広義の政策提言に携わったりすることも想定される。

ここで述べられている「意見表明支援員」の役割は、整理すると以下のようになります。

（1）児童福祉審議会への救済申立支援（児童福祉審議会子ども権利擁護部会への「子どもから

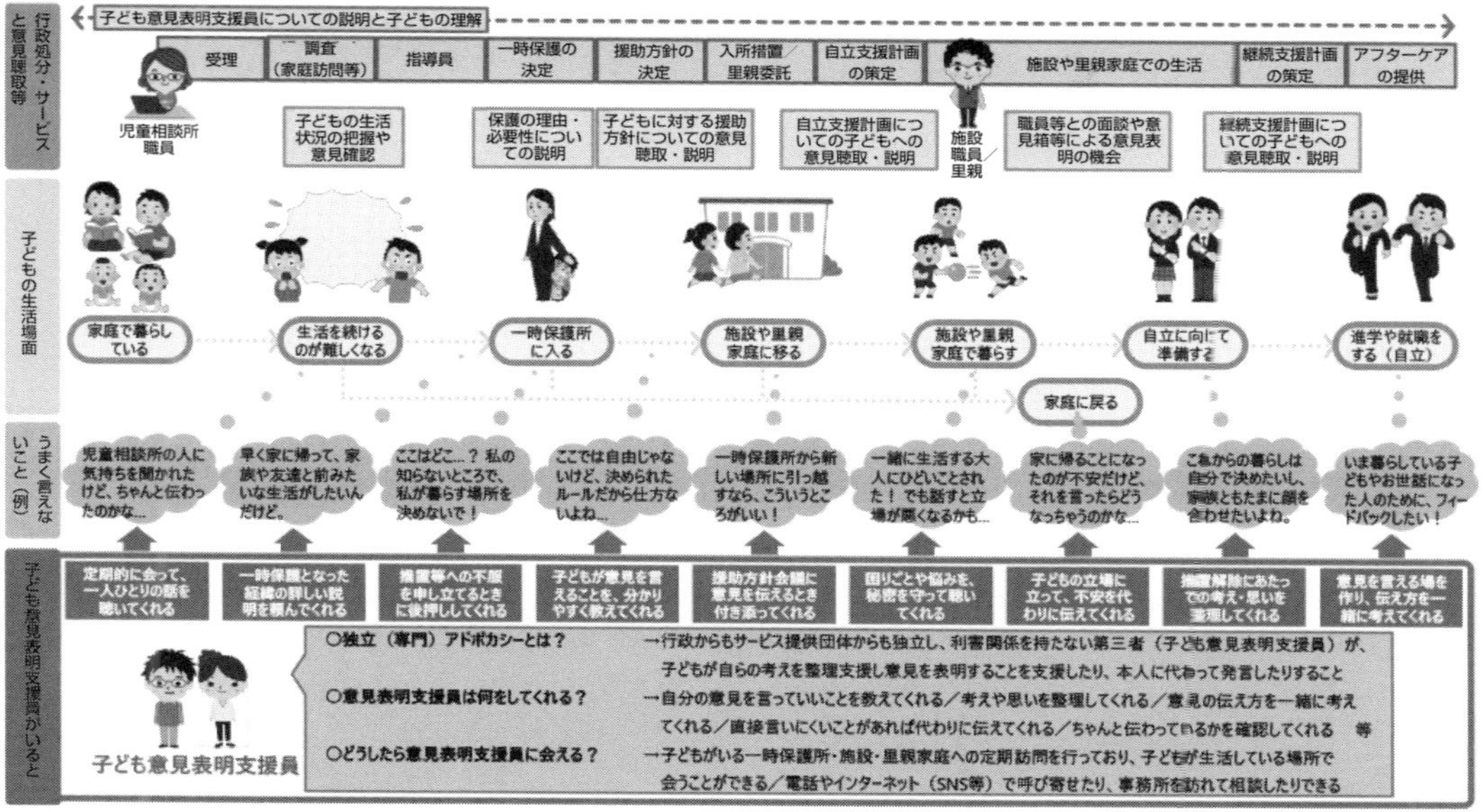


図表13　子どもの生活場面に応じた子ども意見表明支援員の関わり方（イメージ）（『アドボケイト制度の構築に関する調査研究報告書』p.14）

の自発的な意見表明や中立てを受けて権利救済等につなげる支援」）

（2）日常生活上・行政手続上の意見表明支援（訪問型支援）

（3）啓発活動（他の支援提供者・養育者への研修や地域社会への啓発活動等）

（4）政策提言（所属組織を通じて社会的養育の改善に関与すること）

このように「アドボカシーに関するガイドライン案」に示された子ども意見表明支援員の役割は、児童福祉審議会への中立支援の枠を超えて広がっています。個別アドボカシーに限っても、意見表明支援員の役割は**図表13**のように広範なものです。措置や措置解除などの人生を左右する行政手続上重大な決定から、日常生活上の施設や里親家庭の生活環境や支援のあり方への意見表明に至るまで多様な場面でのアドボカシーが想定されています。さらに啓発活動や政策提言のような社会全体への働きかけも求められています。

こうしたことから、その役割を果たすため独立性と専門性を持つ市民団体への委託が求められます。このためガイドライン案にも、「都道府県等は民間団体への外部委託（個人の場合は外部委嘱）を基本として検討することが望ましい」と記載されているのです。

## ⑥「アドボカシーに関するガイドライン案」の課題

このガイドライン案の課題は整理すると以下のようになります。

（1）「児童福祉審議会への救済中立支援」と「日常生活上・社会生活上の意見表明支援」の関係

をどう考えるか。

（2）「児童相談所の措置等を受ける子どものアドボカシー」と「すべての子どもアドボカシー」の関係をどう考えるか。

（3）「意見表明支援員」と「アドボケイト」の関係をどう考えるか。

（4）「アドボケイト制度」を既存制度・事業にどのように位置づけ財源・権限を担保するか。

（5）市民の役割と行政の役割の関係をどう考えるか。

（1）については、「児童福祉審議会への救済申立支援」は「日常生活上・行政手続上の意見表明支援」を土台として成立するものだと言えます。なぜなら、日常生活上・行政手続上の子どもの困りごとや問題は、現場における意見表明を通じて解決されることが基本であり、それが不調に終わった場合に児童福祉審議会への救済申し立てが行われると考えられるからです。例えば、児童相談所の援助方針会議に子どもの意見を伝え、措置決定にあたって子どもの意見を考慮するように働きかけるのは行政手続上の意見表明支援です。また施設や里親家庭での困りごとや悩みを職員や里親に伝える支援を行うことは、日常生活上の意見表明支援です。現場で意見表明が受け止められて、子どもの意見が考慮された子どもが納得できる意思決定や支援が行われることが子どもの利益となります。多くの場合はこのような形で問題を解決していくことが期待されます。またそれを目指して職員とアドボケイトによる支援が、役割を異にしながらも、協力して行われます。しかし残念ながら子どもの意見を尊重した意思決定や支援が行われなかった場合の不服申立の仕組みとして、児童福祉審議会子ども権利擁護部会は理解すべきだと思います。

児童福祉審議会子ども権利擁護部会は苦情解決（権利調整機能）や不服申立（権利救済機能）の仕組みです。一方でアドボケイト制度は権利代弁機能を果たすものです。両者は機能が異なっており、求められる制度も違ってきます。従って、子どもの意見表明権を保障するためには、児童福祉審議会子ども権利擁護部会設置を進めるとともに、別の仕組みとして独立したアドボケイト制度を構築することが必要なのです。この点を踏まえた制度設計が求められます。

（2）は「児童相談所の措置等を受ける子どものアドボカシー」と「すべての子どもアドボカシー」の関係です。アドボカシーはすべての子どもに必要なものです。また福祉だけでなく、教育・医療・司法を含めたすべての場面で必要なものです。ところがガイドライン案は、「児童相談所の措置等を受ける子どもの児童相談所や施設・里親等の福祉機関への意見表明」に限定したものです。その点に限界があります。

本来すべての子どものすべての場面におけるアドボカシーが必要だということは、専門委員会報告や新ビジョンでも述べられています。しかし、直ちにその実現が難しい状況の中で、まず児童福祉領域に特化したアドボカシーを制度化しようとしているのです。このことを考えると、これは国や自治体が行う児童福祉領域に特化した「アドボケイト事業」のガイドライン案としての性格を持つことを理解する必要があります。「すべての子どもへのあらゆる場面でのアドボカシー」は、ガイドライン案を踏まえつつも、同時にそれを超えて、構想し実践する必要があります。

このことを踏まえて（3）を考えてみましょう。「意見表明支援員」という名称は、児童福祉審議会子ども権利擁護部会のガイドライン案とアドボケイト制度のガイドライン案の両方に出てきます。しかし業務内容は両者で異なっています。アドボケイト制度のガイドライン案の方が、業務内容が広いのです。従って、後者が前者を包摂しているものと理解でき、アドボケイト制度のガイドライン案にある業務内容を遂行できる資質を有する人が「意見表明支援員」だということになります。この、アドボケイト制度のガイドライン案を踏まえたアドボケイト養成の仕組みを作る必要があります。

一方、「子どもアドボケイト」は、「すべての子どものあらゆる場面におけるアドボカシー」を行う人を指します。アドボカシーは必要とする子どもたちは場面によって多様です。児童福祉領域でのアドボカシーができる人が、ただちに学校でのアドボカシーができるとは限りません。社会的養護児童のアドボカシーができる人が、医療や司法分野でのアドボカシーができるとは限りません。したがってすべての子どものアドボカシーができる資質を基盤としながら、各領域の子ども・職員の状況や制度を熟知したアドボケイトが育っていく必要があります。

私はすべての子どものアドボカシーができる基礎的な資質を持った人を「子どもアドボケイト」と呼び、児童福祉領域においてアドボケイト制度の下で仕事をする人を「意見表明支援員」と呼ぶのが適切ではないかと考えます。「意見表明支援員」は児童福祉に関するアドボカシー事業を担うスタッフの職名であり、他方「子どもアドボケイト」は、児童福祉における意見表明支援だけでなく、教育、医療、司法などのあらゆる領域におけるアドボカシーや、差別や不正と闘ったり、社会変革のためのシステムアドボカシーを行う人々の総称であり、この用語の使い分けが必要だと思います。

（4）は「アドボケイト制度」を既存制度・事業にどのように位置づけ財源・権限を担保するか、（5）は市民の役割と行政の役割の関係をどう考えるかです。（4）については次講で、（5）については最終講で詳しく考えたいと思います。

# 第10講 求められる子どもの権利擁護制度

## ①求められる権利擁護制度の全体像

私が考える「子どもの権利擁護制度案」の全体像は図表14の通りです。

国レベルでは、独立性と権限を持った「子どもコミッショナー」が必要です。そして地方レベルでも、同様の都道府県子どもコミッショナーが必要です。これが児童福祉審議会子ども権利擁護部会に代わって求められる制度だと考えます。これらを必置したうえで、市町村にも子どもオンブズパーソン等の設置を推奨し支援します。これらはネットワークを形成して、国内人権機関として子どもの権利擁護全般を担当します。

加えて、民間団体が設置する子どもアドボカシーセンターが子どもアドボカシーを行います。この民間団体の活動に対して、イギリスのように行政から財源が保障される必要があります。また児童相談所の措置等を受ける子どもや障害児、入院している子ども、非行の子どもなどは、特にアドボカシーが必要な子どもであり、財源と権限が手厚く保障される必要があります。

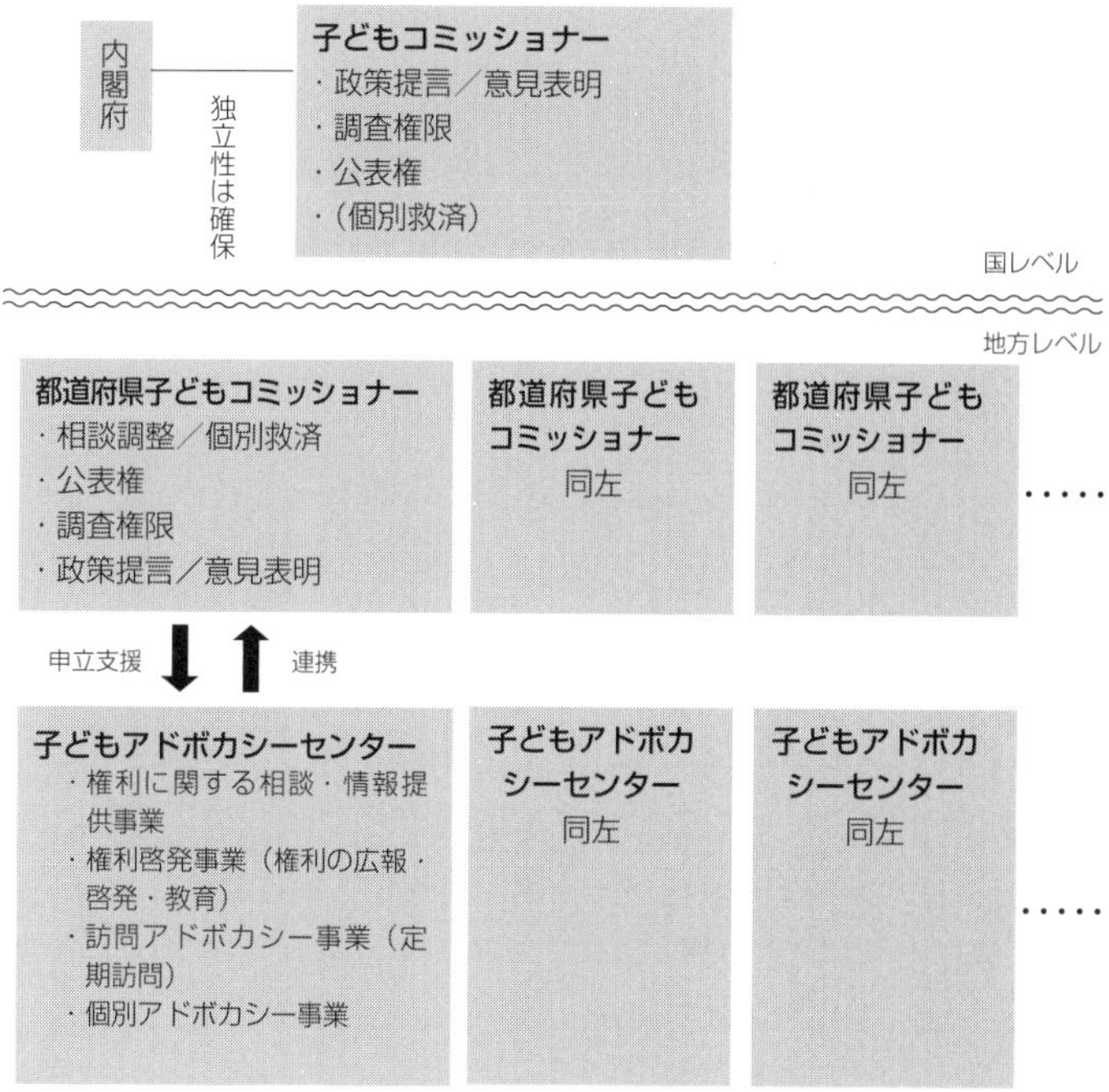


図表14　子どもの権利擁護制度案の全体像
作成：著者

## ②公的子どもの権利擁護機関に求められる役割

まず子どものための国内人権機関についてお伝えしたいと思います。枠組みとしてはっきりと覚えておいていただきたいのが、公的権利擁護機関、行政とか国の責任で行っていく権利擁護の仕組みと、民間の団体が行っていくアドボカシー活動とが車の両輪で、この二つが組み合わさって機能していることによって子どもの権利がしっかりと守れる社会になるということです。

公的権利擁護機関は、子どもの権利が保障される社会になっているかどうかを監視し、政策提言を行い、子どもの権利が侵害されている場合には救済し、また権利をめぐる紛争が生じている場合には調整を行うものです。子どもアドボカシーや子ども参画促進の機能もあります。これらを総合的に行うため「権利擁護機関」と呼んでいるのです。

しかしながら、後ほど詳しくお話ししますが、公的権利擁護機関は子どもアドボカシーを行う上では限界もあります。そのため、民間団体による草の根の子どもアドボカシー活動が不可欠です。今からお話しするのは国、行政として設置する権利擁護機関がどのような仕組みであるべきかということです。それと連携して市民によるアドボカシーがどのように行われるのかがもう一つの課題です。まずは公的な仕組みの部分からお話をしたいと思います。公的な子どもの権利擁護機関には大きく四つの機能があるとされています。それは次のようなものです。

(1) 子どもの権利や利益が守られているかどうかを行政から独立した立場で監視する。
(2) 子どもの代弁者として、子どもの権利の保護・促進のために必要な法制度の改善の提案や勧告を行う。
(3) 子どもからのものを含む苦情申立てに対応し、必要な救済を提供する。
(4) 子どもの権利に関する教育や意識啓発を行う。
(平野裕二「子どもオンブズパーソンの国際的動向」喜多明人他編著『子どもオンブズパーソン』日本評論社、二〇〇一年)。

これはグローバルスタンダードです。カナダの各州政府が設置している子どもアドボカシー事務所など、北欧の子どもオンブズパーソンもこうした役割を果たしています。イギリスの子どもコミッショナーもそうです。そういったすべてのものは、一九九三年に国際連合総会決議四八／一三四に拠って承認された「国内機構の地位に関する原則」（パリ原則）や、国連の子どもの権利委員会がパリ原則を踏まえて提示している上記の四つの機能を意識して作られています。

一つ目は、子どもの権利条約に規定された子どもの権利が守られているかどうかを監視する機能です。二つ目は、子どもの権利がきちんと守られる制度になっているかについて制度や政策、法律等を含めて調査し、提案や勧告をしていく制度改善の機能です。三つ目は子どもの権利救済機能です。施設や学校やいろんな場で体罰やいじめを受けていたり、ハラスメントを受けていたり、虐待を受けていたりした場合に、子どもを救済できる機能が三つ目です。四つ目が子どもの権利についての教育や啓発という機能です。

日本の場合は、一九九九年に兵庫県川西市で設置された「子どもの人権オンブズパーソン」がモデルになっています。私はオンブズパーソンとして福祉関係の案件にも対応してきた経験があります。しかしオンブズパーソンは市の機関なので市内の福祉事務所や保育所には権限が及ぶのですが。児童相談所の措置に関わる事案は、県の機関であるため条例上の権限が及ばず、大変苦労しました。この経験から、都道府県レベルの子どもコミッショナーがぜひ必要だと思います。

子どもに関わる主な市の機関は小中学校です。そこに働きかけるためには、市町村にも子どもの権利擁護機関が必要です。川西市ではオンブズパーソンができたことで、学校に緊張感が出てきました。子どもや親からオンブズパーソンに相談が行くんじゃないか、あるいはオンブズパーソンが学校に来て子どもの声を聴くことがあるかもしれないというだけで緊張感がもたらされて、体罰などがぐっと減ったと聞きました。学校を責める機関ではなく、子どもの権利の観点から学校への助言や支援を行う機関でもあることが理解されるにつれて、信頼していただけるようになりました。これがモニタリングの効果です。

都道府県に権利擁護機関ができたら、児童相談所や児童福祉施設、県立高校、県立病院などに緊張感が生まれます。国にできれば、国会や内閣に緊張感が生まれます。権限のある機関が、子どもの権利が守られているかどうかを監視することで緊張感が生まれ、子どもの権利侵害が防止されたり、子どもの権利を考慮した意思決定が行われていく、そこが第一の機能です。

第二は制度の改善です。北欧のオンブズパーソンはそこを一番重視しています。ノルウェーの子どもオンブズパーソンにお会いした時におっしゃっていたのは、「私たちは強力な制度改善の機能を持っていて、国王にも総理大臣にも勧告ができる」ということでした。「そんなことができるのか」と大変驚きました。そしてノルウェーの子どもオンブズパーソンが提案をして、教育と福祉を統合した省庁である子ども家庭省を作ったり、チルドレンズハウスという性的虐待などを受けた子どもたちをワンストップで支援できるようなところをつくったりしました。これは、福祉・教育・司法・警察署の人たち等の関係者、小児科医とか臨床心理士などが連携して子どもたちが安心できる環境をワンストップで確実につくっているものです。子どもが二次被害を受けることなく加害者の訴追も含めて権利を守れるようなセンターを全国主要都市に設置しています。アメリカのCAC（Child Advocacy Center）から学んだものです。すごい制度改善をやっているなと思います。

イングランドの子どもコミッショナーも子どもたちと一緒に総理大臣に会いに行って、子どもの立場から政策についての提言をしています。ウェールズや北アイルランドの子どもコミッショナーも、各地の議会や政府に強力に働きかけています。子どもに関する事件や法律が議論されるときは、必ずコミッショナーが子どもの立場から意見を述べています。国レベル、都道府県レベル、市町村レベルで、これはぜひ実現しないといけない機能です。

三つ目は救済です。これは後で詳しくお話をします。

四つ目は教育とか啓発です。川西市子どもの人権オンブズパーソンをしていたときに、私もたくさんの講演や「オンブズパーソンと語る会」を開いて市職員や教職員、市民のみなさんと一緒に子どもの人権について語り合いました。川西市には教育委員会が設置している「子どもの人権フォーラム」という団体があって、教育委員会の予算で子どもたちが参加しています。小学生の頃からそこに参加している子どもたちは中学生くらいになるとすごい権利意識を持っています。その子どもたちのフォーラムと一緒に活動したりしました。

私たちは土壌を耕すと言っていました。人権侵害が学校などいろんなところで起きているけれど、その根本は関わっているおとなの子どもの権利についての意識や認識が低いところに原因がある。だからオンブズパーソンが働きかけを行って、子ども自身に権利意識を持ってもらうこと、関係するおとなに子どもの権利に関する認識を持ってもらうことをめざしてきました。各国の子どもコミッショナーやオンブズパーソンも、折に触れてテレビや新聞等で子どもの権利について語ったり、子どもの権利学習のツールをつくったり、子どもの声を社会に伝えています。このようにして土壌を耕していくことがないと、子どもの権利をめぐる状況は改善していかないのです。

### ③公的子どもの権利擁護機関が備えるべき特質

そして、この四機能を持つために子どもの権利擁護機関が備えていなければならない特質が四つあります。それは次のようなものです。

（1）独立性
（2）権限（調査・調整・勧告・意見表明・公表）
（3）子どもの権利に関する専門性
（4）子どもが相談しやすいこと

（1）は独立性です。川西市の子どもの人権オンブズパーソンは、一定の独立性を持っています。特に市長部局に置かれているところがいいと思います。教育委員会とは別の組織だからこそ教育長に対しても学校長に対しても、独立した立場からの勧告を遠慮なく行うことができます。また川西市以外の人がオンブズパーソンになるという慣例があります。市内の人間、例えば学校の先生出身の人だったらしがらみがあるかもしれません。もし、しがらみがあったら遠慮なく調査や勧告を行うことが難しいかもしれません。例えば教員時代お世話になった先輩が相手だったら対応が難しいかもしれません。この点、全く関係のない第三者だったら毅然とした態度がとれます。さらに事務局と調査相談専門員はオンブズパーソンの命に服します。独立した執務室と相談室もあります。

独立性に関して、スコットランドの子どもコミッショナーには「自分は女王から任命を受けているコミッショナーです」という自負があります。女王から直に任命を受けているコミッショナーは、議会からも行政機関からも独立しています。だから全くしがらみがなく勧告や提言ができるのです。内部にある機関、例えばさっき見た児童福祉の仕組みの中にあるとか、教育委員会の仕組みの中にあるとなると、有形無形の圧力を感じて思うように活動できないかもしれません。そういうのがあっては、子どもの側に立って子どもの権利を守ることはできません。

(2)は権限です。権限には調査・調整・勧告・意見表明・公表の五つがあります。このうち最も重要なものが調査権限です。これは絶対ないと駄目です。調査権限がない人がいくら話を聴きに行っても、「守秘義務があるから何もお答えできません」と言われて帰ってくるだけになります。政策提言のための調査と権利救済のための調査がありますが、後者は準司法機関的な機能です。調査実施の通知を条例に基づいて関係機関の長に対して発出して、それに基づいて職権による調査を行っていきます。厳格な枠組みに基づくものです。

しかしながら子どもたちは多くの場合、公式の調査までは望んでいません。「先生からひどい扱いを受けて、とても辛い」という相談でも、子どもたちは、「先生に謝ってほしい。そしてこれからは子どもを傷つけない優しい先生になってほしい」と言うんですね。そうするとこれは公式の調査にはそぐわない。そういう時には先生の所に行って子どもの思いを伝えます。先生に子どもの気持ちをしっかりと理解してもらって、その子に対して謝るだけではなく、これから子どもたちに対する接し方を変えてもらわないといけないわけです。これは調整活動と呼んでいました。子どもの意見実現という意味を持っています。

その中で「そこまで傷ついていたとは気付かなかった、ごめんなさい」と子どもに謝り、「教師として一からやり直します」と言ってくれた先生もありました。本当にありがたかったです。ほとんどはこのような調整案件で、公式の調査案件は少数でした。調整案件はできるだけソフトにやってきました。けれども調査権限がないと調整もできないわけです。調査権限とそれをバックにした調整権限のどちらも必要です。

さらに勧告の権限が必要です。英語で言えば勧告というのはレコメンデーションです。レコメンデーションというのは推奨するという意味です。だから拘束力はありません。権利擁護機関には権限がないから職務命令みたいな拘束力のあるものは出せないのです。しかしその勧告には法律や条例に基づく相応の効力があるし、応答義務というものも関係機関に課せられています。だから勧告に対してはしっかりと答えなければいけないわけです。

四つ目には制度の改善に向けての意見表明の権限です。制度改善の意見を私もオンブズパーソンとして、いくつも出しました。例えば「地域での子ども家庭支援の推進に向けて」というような意見表明をしたこともあります。市の福祉事務所に対して、市内に子どもを保護できる場所を設置するなどの制度改革を提言をしました。

最後の五つ目は公表権限です。記者会見を開くなど、様々な形で市民や社会に対して調査結果を公表するという権限です。自治体が設置する子どもの権利擁護機関の拠り所は、最終的には市民の良識です。「こんなひどい権利侵害が行われていいのか」、「こんなことが放置されていいのか」、「これは絶対に子どもたちを救済しないといけない」という市民の良識、市民の声がバックにあってそれを拠り所として権利擁護機関は活動しています。だから公表の権限は極めて重要です。この権限を担保していないと権利擁護機関はしっかりとした活動ができません。

（3）は専門性です。子どもの権利擁護は子どもの権利に関する専門性がないとできない活動です。

一般的な相談に応じる能力や専門分野の知識や経験だけではだめです。弁護士、臨床心理士、社会福祉士、小児科医などの専門家がオンブズパーソンや相談員になったとしても、子どもの権利についての知識がなければ、そしてしっかりと子どもたちの声を聴いて代弁したり、権利実現のためにいろんな人や組織に働きかけていく交渉力がなくては、子どもの権利擁護はできません。その意味で、子どもの権利擁護機関のスタッフには子どもアドボケイトとしての資質が必要になります。子どもアドボケイト養成講座を受講したり、アドボケイトの経験がある人を採用することが求められるのです。

子どもの声を聴き子ども主導で活動することに理解してくださる弁護士もいます。しかし中には子どもの話を聴くことが苦手な人もいます。あるいは学校の先生の中にも、子どもの権利擁護機関のスタッフになるのが難しい人がいます。先生は教えることはうまいんですが、子どもの声をしっかりと聴いて子どもに寄り添うことが苦手かもしれません、ついアドバイスをしてしまったり、説教するということが出てくるかもしれません。イギリスで聞いたのですが、一般的に「先生」と呼ばれる人はタテの人間関係に慣れてしまっているので、子どもとの対等な関係が基盤であるアドボケイトになるのは難しいとのことでした。

二〇一七年に行った子どもの権利擁護機関に関する調査では、元校長先生だった人が権利擁護機関の相談員になっている場合もありました。そういう人には「チャイルドラインの研修を受けてもらい、電話の受け手をやってもらいます」と言っていたところがありました。「子どもの声を聴く」という経験がないとこの活動はできないからです。

（4）は「子どもが相談しやすいこと」です。ある権利擁護機関では素晴らしい人たちがオンブズパーソンに任命されていました。ところが子どもから相談がほとんどありませんでした。弁護士や大学教授などの専門家はおとなには受けがいいかもしれませんが、子どもがそんな肩書で相談に行くわけがないのです。逆に「怖い先生の所へ行ってもまた怒られるだけ」と子どもたちは思ってしまうかもしれません。川西ではオンブズパーソンは専門家ですが、調査相談専門員という子どもに近い若いスタッフに、実際の子どもたちの相談とかワークショップなどを担当してもらいながらやってきました。また、どういう人かわからないと子どもたちは怖くて相談できません。そこで「顔の見えるオンブズパーソン」をめざして、オンブズパーソンが出演して広報用のビデオを作り、いろんな学校で上映してもらいました。これはとても効果があったと思います。

さらに学校を通じてすべての子どもにリーフレットを配ったり、学校にポスターを貼ったり、小学四年生対象のオンブズパーソン事務所見学も行いました。行事の時は学校に入っていって、子どもたちと身近に接してきました。そのおかげで子どもたちといろんな繋がりができました。

そして信頼してくれた子どもたちが口コミで広げてくれました。子どもたちが相談しやすい形をどうしたら作れるか心がけることが大事で、それがないといくら専門家をそろえても子どもに届きません。

## ④児童福祉領域における権利擁護の仕組み

以上のことを踏まえて、「子ども福祉領域で求められる権利擁護の仕組み」を考えてみました。本来は、教育・福祉・医療・司法など社会のすべての領域における、すべての子どもを対象とした独立した権利擁護の仕組みである子どもコミッショナーが必要です。しかし現在は厚生労働省で児童福祉領域の権利擁護システムの検討が進んでいるだけで、すべての子どもを対象とした権利擁護機関を制

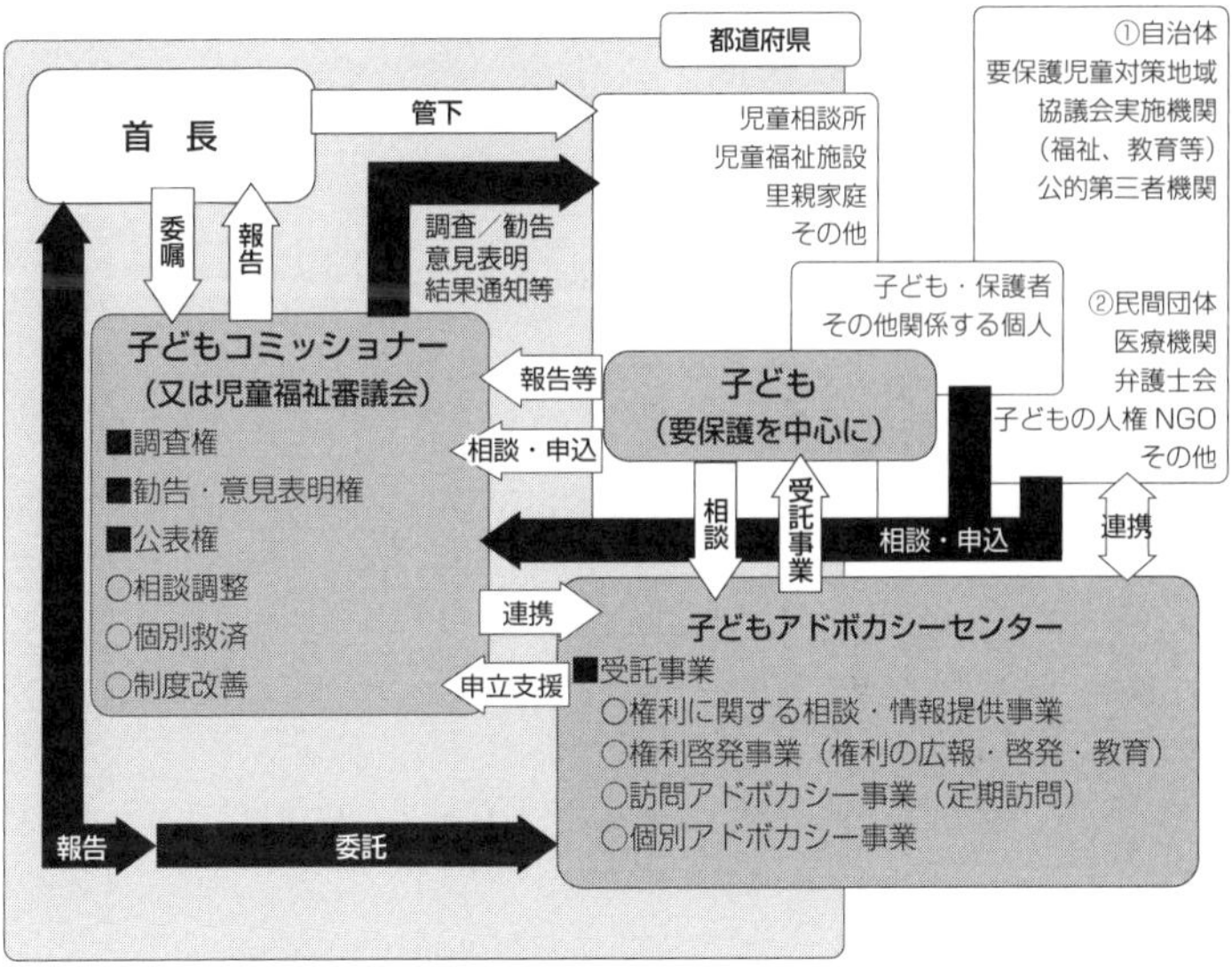


図表 15　児童福祉において求められる権利擁護制度
作成：著者

度化する動きはまだありません。そのため、ここでは児童福祉領域を想定してシステムを考えます。

まず児童相談所設置自治体に独立性のある子どもの権利擁護機関を設置します。この権利擁護機関は、①すべての子どもを対象とした独立した権利擁護機関として設置する、②児童福祉領域における独立した権利擁護機関として設置する、③児童福祉領域における権利擁護機関として都道府県児童福祉審議会の下に設置する、の三つの方式が考えられます。できれば①を、難しければ②を、②も難しければ③を検討してほしいと思います。①②は「子どもコミッショナー方式」です。

①はすべての子どもを対象とした総合的な子どもの権利擁護機関の機能の一つとして、児童福祉領域の子どもの権利擁護機能を位置づけるものです。名古屋市の「なご

もっか」や東京都世田谷区の「せたホッと」のような児童相談所設置自治体にある権利擁護機関が、このような役割を果たすことが期待されます。こうした機関をモデルとして各地の都道府県に総合的な権利擁護機関の設置が広がることを願っています。そのためには必要な財源、権限、専門性のあるコミッショナーや相談員の確保が不可欠です。

②は児童福祉行政や児童相談所から独立した児童福祉領域における権利擁護機関として設置するものです。③は児童福祉審議会に「子どもの権利擁護部会」を設置し、その部会の下に独立した事務局を持つ「権利擁護機関」を設置するという方式です。この場合には、どのようにして独立性を担保するかが課題になります。

三つのうちいずれかの方式で設置した子どもの権利擁護機関に、調査、調整、勧告、意見表明、公表の権限を、法律あるいは条令によって付与していきます。こうした権限により、例えば児童相談所が保護してくれないと子どもから訴えがあった時には、子どもの権利擁護機関が児童相談所、児童福祉施設等に対して調査とか勧告とか意見表明などの働きかけをして、子どもの権利を守る活動が行われます。

# 第11講　子どもアドボカシーセンターと市民の役割

## ①市民の役割の重要性

私はイギリスをモデルとしてアドボカシーの仕組みを構想しています。イギリスでは市民の主体的な活動が福祉を作り上げてきた伝統があります。現在でも市民活動が活発に展開されており、子どもの権利について活動している団体がたくさんあります。そうした団体が大きな影響力をもって国に働きかけて制度を作っています。アドボカシーサービスについても、子どもの権利について活動してきた団体がキャンペーンを展開して作ってきました。

大事なのは、市民の活動は行政や学校などから独立していて利害関係がないからこそ、一途に子どもの側に立てるということです。「子どもの権利を実現する」ことをミッションと思ってきた市民は純粋で情熱的な活動ができます。行政に対しても、施設や学校に対してもはっきりと意見が言えます。そうした問題提起を受けて、行政などで考えていただくことができます。もちろん行政や専門職と信頼関係を結べる人柄や対人関係能力は大切ですが、独立してアドボカシーができることが市民団体の何よりの強みです。

そもそもアドボカシーは、やむにやまれぬ思いで、市民が自発的に行ってきた活動です。行政が組織化したものでも、専門的な資格がないとできないものでもありません。イギリスでアドボカシー研究を行ってきたジェーン・ダリンプルさんは次のように述べておられます。


人間の歴史は次のことを示している。不正が存在するときには、自らはそれによって脅かされていないにもかかわらず、不正に抗して立ち上がり、発言し、行動しようと準備している人達が存在するのである。彼らは犠牲者の側に立って、または犠牲者の利益のためにそうするのである。これがアドボカシーの普遍的な本質である。

(Dalrymple, J. and Hough, J. eds. (1995) *Having a Voice: An exploration of Children's Rights and Advocacy*. Venture Press.)


日本でも子どもの権利を守る市民の運動は、戦前から始まっています。児童福祉は、「この子たちを見捨てることはできない」という、市民のやむにやまれぬ思いから出発しているのです。そしてそういう市民の活動が、国を動かし制度を作ってきたのです。子どもの権利条約の批准や完全実施を求める運動も続いてきました。私が長く活動してきた公益社団法人子ども情報研究センターもその一つです。いじめや虐待防止に取り組むＮＰＯも数多くあります。

ＣＶＶ（Children's Views and Voices）やOUR VOICE OUR TUNEなど社会的養護経験が主体となった若者の団体も活発に活動しています。障害児の権利を守る活動をしている団体もあります。私が世話人をしている「障害児を普通学校へ・全国連絡会」もその一つです。子ども食堂や子どもシェルター、学習支援、面会交流支援も全国に広がっています。そしてチャイルドラインやCAPは、子どもの声を聴き権利を守る活動に全国規模で取り組んできました。子どもアドボカシーはこうした活動の中で行われてきたものです。

こうした市民の活動を拠り所にしなければ、行政による制度化だけでは、アドボカシーは形骸化し機能しなくなるのではないかと危惧しています。市民の活動は、それぞれの問題意識によって、様々な子どもたちの権利を守る活動をすでに行ってきています。それを発展させて子どもアドボカシーセンターを創っていただきたいと願っています。そしてそれらの団体がネットワークを形成することによって、日本の津々浦々で子どもの権利が守られる社会を築くことを夢見ています。

### ②イギリスの子どもアドボカシー団体

イングランド・ウェールズにおける子どもアドボカシーを先導し、重要な役割を担っているのは民間のアドボカシー団体です。二〇〇三年の調査（Oliver, C. (2008) Setting the Scene: funding, patterns of advocacy provision and children's access to advocacy services., Oliver C. and Dalrymple, J. eds, *Developing Advocacy for Children and Young People: Current Issues in Research, Policy and Practice*. Jessica Kingsley Publishers.）によれば、地方自治体が直接的にアドボカシーサービスを行っているのは一三％で、七六％はアドボカシー団体が地方自治体からの委託を受けて行っています。アドボカシーサービスを担っている全国規模の民間団体は、コーラムボイス、NYAS（全国青年アドボカシーサービス）、チルドレンズソサエティ、バーナードですが、イングランドのコーンウォールアドボカシー、障害児協議会、ウェールズのトロスガナル、ボイスフロムケアなど地域に根ざして独自のアドボカシーを提供している団体もあります。

これらのアドボカシー団体は行政からの独立性と専門性、地域性を持ち、自治体のアドボカシーを支えています。自治体のアドボカシーサービスの依託先は競争入札によって決定され、受託した団体は、全国基準に基づいて、自治体とサービス水準協定を結びます。この協定には、提供するサービスの内容と範囲、質に対する達成水準が規定されています。

コーラムボイスは一九七五年に、施設で生活している子どもの声が聴かれていないことを心配したソーシャルワーカーによって設立されました。活動開始時の団体名は「ケア下にある子どもの声」でした。その後ケア下にある子どもたちの調査を行ったり、ヘルプラインを開設し行政からのアドボカシー事業を受託するようになりました。

コーラムボイスのホームページには、団体紹介が以下のように書かれています。

コーラムボイスは全国をリードする子どもの権利団体です。私たちは子どもの権利を守るために戦います。私たちは子どもにとって大切な決定が行われるときに彼らの声が聴かれるようにします。そして施設などで生活している子ども、ケアを離れた若者、その他の公的援助を受けている子どもの生活の向上のために活動します。

私たちがこのような活動を行う理由は、子ども若者への責任を認識しまた喜んで果たす社会、彼らが直面している不平等と差別が根絶された社会、彼らの生活に関するすべての決定に子ども若者が全面的に参加できる社会、彼らの意見、ニーズ、気持ちが決定の中心に置かれる社会の実現を信じているからです。（https://coramvoice.org.uk/about-us2/about-us-2/）

コーラムボイスが提供しているサービスは以下のようなものです。

・アドボカシーヘルプライン（電話相談）
・独立アドボケイト
・独立訪問員（施設の子どもを訪問して友達になるボランティア）
・苦情申立支援
・子どもの意見調査
・子どもの声コンテスト（優勝者は£１００の賞金）
・ナショナルボイス（ケア下の若者の全国組織）
（https://coramvoice.org.uk/about-us2/about-us/）

このようにアドボケイトの派遣だけでなく、ヘルプラインを通した日常的な相談や、子ども参画、子どもの声を社会に発信し社会を変える活動を行っているのが特徴です。

もうひとつのイギリスの代表的な子どもアドボカシー団体であるＮＹＡＳを紹介します。ＮＹＡＳは、アドボカシー運動を展開してきた二つの団体が合併して一九九八年に新たに創設されました。市民のアドボケイトと法的アドボケイトの両方を提供している点に独自性があります。そのため、弁護士を一一名雇用しています。

ＮＹＡＳでは、以下のような多様なサービスを提供しています。

電話アドボカシー／情報、助言、照会／課題基盤アドボカシー／苦情解決制度／子ども権利サービス／子どもの権利擁護主事／独立訪問員／独立パーソン／施設訪問アドボケイト／若者助言者／若者個人アドバイザー／参加オフィサー／若者相談活動／若者フォーラム／若者評議会／子どもイベント／特定集団へのアドボカシー相談サービス（リービングケア・黒人及び少数民族・民族文化・精神保健・重度重複障害・児童保護手続・ファミリーグループカンファレンス）／苦情解決調査（http://www.nyds.net/services/fieldworld）

このように、単に行政の委託事業を行うのではなく、市民の自主的な活動として様々なアドボカシー活動を実践しているのが特徴です。専従のコアスタッフを中心に数多くの非常勤やボランティアのスタッフが活動しています。これらの団体のほとんどが行政によるアドボカシー事業の委託をも受けていますが、受託事業の実施が活動の目的ではありません。あくまで子どもの権利が保障される社会を実現することがミッションなのです。

## ③求められる独立性とは――コーンウォールアドボカシーから学ぶ

私はイギリスの多くのアドボカシー団体を訪問しました。その一つが二〇一二年二月に訪問したコーンウォールアドボカシーです。この団体は九名のアドボケイトを擁し、アドボカシー団体としては小規模です。しかし、他の団体には見られない独自の活動を展開しています。

コーンウォールアドボカシーの特徴は、障害児者のみにアドボカシーを提供していること、独立性を何よりも重視していること、個別のアドボカシーだけではなくグループアドボカシーにも力を入れていること、アドボカシーの成果を評価する独自の方法を開発していることです。特に独立性を何より重視していることに感銘を受けました。

コーンウォールアドボカシーは、問題基盤アドボカシー（個別アドボカシー）・ニーズのある子どものアドボカシー・ホーププロジェクト（障害を持つ親のアドボカシー）の三つのプロジェクトを行っています。問題基盤アドボカシーは、お金や住むところがないとか、必要なサービスが得られない、ソーシャルワーカーなどに意見を聴いてもらえないなど、何らかの問題を感じている知的障害者を支援するものです。ニーズのある子どもプロジェクトは、主に一四歳から一八歳の知的障害を持つ若者を対象に、子どもからおとなへの移行を支援するものです。ホーププロジェクトは、知的障害を持つ親を支援するものです。イギリスでも知的障害のある人が子どもを持つと、親から引き離して施設に入れたり、特別な支援計画を立てて、行政が介入する傾向が強いそうです。そのため親は、危機的な状況になるまで、助けを求めようとしない傾向があるとのことです。ホーププロジェクトは子どもが生まれる前から、障害を持つ親の立場に立って支援し、必要な情報やサービスが得られるようにします。

コーンウォールアドボカシーは障害児者のあらゆる問題に対して、あらゆる場でアドボカシーを提供します。いかなる制限もありません。このようなアドボカシーサービスがあれば、どれほど心強いかわかりません。

事務局長のクリスティーヌさんとニーズのある子どもプロジェクトの責任者のグラハムさんからお

話を聞きました。お二人がまずおっしゃったことは次のようなことでした。

独立性は私たちにとって非常に重要なことです。イギリスで独立性があるといわれているアドボカシーサービスをあちこちご覧になるでしょうが、その中には本当に独立性があるものと、実はそうではないものがあると私たちは考えています。独立性というのは、行政などの影響を全く受けずに、子どもだけのために働くということです。そのためには行政から得る資金は最少限にする必要があります。行政から委託金を得ている団体もありますが、その場合は行政からの委託契約に縛られて、真に子どもの側に立つことは難しくなります。

確かに、コーンウォールアドボカシーの二〇一一年度の収入は約二二万ポンド（約三三六〇万円）ですが、すべて助成金で賄っています。二〇一二年度収入は一四万ポンド（約二一八〇万円）で、事務所維持経費四万四〇〇〇ポンド（約六七〇万円）を市からもらっており、後は様々の財団から得ています。例えば、ニーズのある子どもプロジェクトの資金はChildren in Needsという財団から得ており、ホーププロジェクトの資金はすべて宝くじの財団から得ています。

コーンウォールアドボカシーは資金面での強い独立性があるので、契約を結ぶのは利用者である障害児者のみです。自分で話したり書いたりするのが難しい場合には、アドボケイトなどが代筆して契約します。だからすべての活動において、行政などとの契約に縛られることなく、障害児者の意思を最大限尊重できます。施設だろうが病院だろうが学校だろうが自宅だろうがどこにでも行きます。どんなに軽度の又は重度の障害児者であろうと関係ありませんし、あらゆる問題に関して当事者の意思を強力に代弁することができます。

アドボカシーのプロジェクトに資金を提供してくれる多くの財団がイギリスには存在していて、うらやましい限りです。日本の状況では、何千万もの資金を行政からの委託なしに継続的に得るのは困難です。しかし、徹底して当事者の側に立ったアドボカシーを行おうとすれば、資金面での独立性を保つことが重要なことをコーンウォールアドボカシーから学びました。可能な限り独立性を確保するために自主的な財源を確保することが必要です。行政からの委託を受けるとしても、独立性を担保できるようにすることが必要です。独立性が侵されてしまえば、アドボカシーは形骸化してしまいます。

## ④求められる当事者参画とシステムアドボカシーとは――障害児協議会から学ぶ

市民によるアドボカシー活動は、独立した立場からきちんと子どもの声を届け、国や自治体に対して政策提言していくことが必要です。これをシステムアドボカシーと言います。そしてその際、当事者の参画が何より大切です。二〇一〇年に訪問した障害児協議会（Council for Disabled Children）が力強いシステムアドボカシーと当事者参画を実践されていることを知り、感動しました。詳しく知りたい方は、『イギリスの子どもアドボカシー』（明石書店）をお読みください。ここでは私が最も感動した点だけをお伝えします。

障害児協議会には全国的な団体から地域的な小団体までイングランドとウェールズの五〇以上の民間団体が加入しています。多くの団体を束ねる傘下組織を作ることにより、個々の団体が働きかけるより強力に政府に対して働きかけ、政策に影響を与えることをめざしているのです。

障害児協議会が事務局を務める専門ネットワークの一つに、「私たちの声を聴いて」ネットワークがあります。重要なのが、目的として障害児の参加の促進を掲げているだけではなく、活動のプロセスや方法においても徹底した当事者参加が貫かれている点です。事務局スタッフのマーティンさんはこのようにおっしゃいました。

このプロジェクトを始めるにあたって、「障害児の参加」の定義を書くよう求められました。しかしおとなの専門家が参加の定義を考えるのではなく、八〇名の障害児自身に彼らにとっての参加の意味を聞きました。それをまとめてポスターを作成し、それをプロジェクトの土台にしました。

ポスターには、「私たちを尊重して」「最初から参加させて」「私たちの声を聴いて」「私たちを楽しませて」「率直で正直でいて」「意見を言う時間を保障して」「私たちみんなを参加させて」「私たち自身で決められるように支援して」などの子どもの声が書かれています。さらにそのポスターを三万枚以上印刷し各団体に配布し障害児の声を伝えました。

障害児協議会は「すべての障害児は大切」運動の事務局をも務めています。この運動は障害児にも健常児と平等にすべての権利が保障される社会の実現をめざしています。この運動では障害児の声を盛り込んだ報告書を作成し、それを中央政府に届けています。二〇〇七年の報告書では、国中の障害児八〇〇人に「もしあなたが一日首相になって、一つ変えられるとしたら何を変えますか」という質問をしました。トップ3は「もっと楽しいことができるようにしたい、もっと尊重されるようにしたい、みんなが権利として良い教育を受けられるようにしたい」ということでした（EDCM (2007) "*If I could change one thing*": *Children and Young People's View*)。この結果をもとに報告書を作り、子どもの声を集めたDVDも作りました。そこには、生の声とともに、それを基盤とした政府への勧告も記されています。これを持って政府への運動を行ったのです。

例えば、子どもの声のトップであった「もっと楽しいことができるようにしたい」では、「友達と映画やランチに行きたい」「友達とフットボールに行きたい」「親の付き添いなしに外出するための支援がほしい」などの子どもの声が寄せられました。特に重要なのが「いろいろな場所をもっとアクセスできるようにしたい」ということでした。例えば「地元の映画館にエレベーターをつけてほしい。みんなは毎週映画に行くのに、私は車いすなので一緒に行けない。映画館に苦情を書いて送ったことがあるけど、彼らは無料招待券を送ってきただけだった。三〇段も階段があって映画館に行けないのに、バカにしている」(ibid: 5) という一六歳の若者の声が掲載されています。こうした声をもとに、「すべての活動と公共の場所を障害児にアクセス可能にする方策を各自治体の子ども計画が明示するように指導すること」「すべての大型公共施設には障害児が利用できるトイレを設置すること」などを政府に求めてきたのです。

イギリスでは二〇一〇年五月に総選挙が行われました。その選挙に向けて、政党のマニフェストの中に障害児の権利の実現を盛り込ませるための運動が行われました。しかし障害児協議会の活動に関わっていたある子どもが「政党が障害児のために代弁したり、マニフェストに僕たちの要求を書いたりしてくれるなんて無理だと思う。だから僕たち自身でマニフェストを書かない?」と発言したことから、次の政権への自分たちの期待、要望をまとめた『変革のための障害児マニフェスト』が障害児自身によって書かれることになりました。言葉を話さない子どもを含めた五〇人から六〇人の障害児の声を聴き、それをもとに要望書とDVDが作成されました。「尊敬・コミュニティ・参加・教育訓練」の四つのパートからなる一六の要望です。それをイギリスの三つの主要な政党である保守党・労働党・自由民主党の党大会に持っていき、子どもたち自身が直接議員や大臣に手渡し伝えました。感銘を受けた議員と子どもたちが後日会合を開き、議員にさらに大きな影響を与えることができました。また障害児協議会の二万人におよぶ支援者も、各地の議員にこのマニフェストを送り働きかけました。

このように子どもの声から始めるシステムアドボカシーの運動に、私は大きな衝撃を受けました。市民の行うアドボカシーは、このように子どもの声から社会の変革をめざすものなのです。

## ⑤子どもアドボカシーセンターの活動

イギリスでは子どもコミッショナーと民間団体とが連携して子どもの権利を守る活動を行っており、私は日本でも同様の仕組みが必要だと思います。一人ひとりの子どものアドボカシーを行うことは、公的な子どもの権利擁護機関だけではできません。なぜなら公的子どもの権利擁護機関は、児童相談所設置自治体に一カ所置くことが検討されているだけであり、一人ひとりの子どもの日常的な意見表明をきめ細かに行うことまでは困難だからです。

また公的権利擁護機関は、子どもの権利救済や不服申立を審査する機関なので、公平性・客観性をもって調査・勧告を行う必要があります。こうした役割と一途に子どもの側に立って子どもの声を代弁し、子どもの願いの実現のために闘うことには役割の違いがあります。そのために、民間団体が設置する子どもアドボカシーセンターが、児童福祉領域においてもアドボカシーを受託することが求められます。

さて、子どもアドボカシーセンターの具体的活動を、私は次のように考えています。

（1）子どもアドボケイトの養成

経験豊富なアドボケイトが講師となり、アドボカシーの価値・知識・技術を伝える「子どもアドボケイト養成講座」を開催します。

（2）権利啓発

権利やニーズを主張するためには、子ども自身が自らの権利について認識していることが不可欠です。子ども自身と子どもを支援するおとなが子どもの権利を理解できるように、また子どもがアドボケイトに相談できるように人権権利・啓発を行います。ＣＡＰなどの人権教育を行ってきた団体・個人と連携します。

（3）個別アドボカシー

児童福祉・学校教育・医療・司法などあらゆる領域における子どもの抱える悩みや問題の解決を支援するアドボカシーを行います。具体的な活動領域は、それぞれのアドボカシーセンターの問題意識によって異なります。国・行政による制度化が進められる児童福祉領域のアドボカシー事業の受託を積極的に行います。

（4）訪問アドボカシー

児童福祉施設をはじめ、声をあげることが困難な子どもたちが生活する場に訪問して、アドボカシーを行います。

（5）システムアドボカシー

個別アドボカシー・訪問アドボカシーの経験から得られた子どもの声をマスコミや社会に届け

世論を喚起します。また子どもの権利が守られる法律・条例・制度の改正・創出に向けて研究・提案を行い、その実現を国・自治体等に働きかけます。

（6）子ども参画

意思決定、事業、広報、研修などあらゆる機会に子ども若者の参画を求め、ともに活動していくこと。

活動の一つ目は、子どもアドボケイトの養成です。子どもアドボカシーをしっかり行える力を持ったアドボケイトになる第一歩は、養成講座受講です。子どもアドボカシーセンターの役割は、このようなアドボケイトを一人でも多く社会に送り出すことです。養成されたアドボケイトが、それぞれの場で子どもアドボカシーを実践していきます。またそのアドボケイトが新たな人に子どもアドボカシーを伝え、仲間を増やしていきます。こうして養成されたアドボケイトが各地でアドボカシーセンターを設立し、ネットワークを組んで子どもの権利が守られる社会をつくります。すでに大阪、名古屋、福岡、東京、大分などで養成講座が開かれています。

活動の二つ目は子どもの権利の啓発です。子どもの権利の啓発は、すべての人が対象になりますが、子ども自身が権利意識を高めていくための子どものワークショップと施設・学校などの職員研修が特に重要です。子ども自身が自分の権利について知ることや、フェミニズムや障害者自立生活運動で発展してきた意識覚醒（コンシャスネスレイジング）やアサーティブネス、ピアカウンセリングも含めて、ワークショップを行っていきます。無力感に陥っている人は声を出せないので、そういった人たちが声を出せるようにしていくのです。また子どもの福祉や教育などに携わる職員にも子どもの権利について知ってもらって、子どもの権利に根ざした支援をしていただくことが必要です。そうでなければ、子どもたちが権利を主張できるようになっても、押さえつけられてしまうことになりかねません。このような子どもとかおとなの権利啓発事業を行う際に、チャイルドラインやＣＡＰとの連携は大変重要だと思っています。

次にアドボカシーのコアである個別アドボカシーです。第６講ですでにお話ししたように、児童相談所の措置の際に意見表明するとか、施設などでいじめや虐待を受けている、ハラスメントを受けている、意見を聴いてもらえない、などがあった場合に、子どもたちの声をしっかり聴いて、意見形成支援・意見表明支援・意見実現支援を行うものです。

第四は訪問アドボカシーです。これも第７講ですでにお話ししました。実親から離れて施設や里親家庭などで生活している子どもたちを訪問します。特に必要な施設は、鍵が掛かるような施設です。一時保護所、障害児施設、児童自立支援施設などがそうです。鍵がかかるような施設はとりわけ子どもの権利侵害が起きやすいし、起きた時に閉鎖的で助けを求めることが難しいからです。精神科病院などもそうなので権利擁護の仕組みがしっかり作られました。イギリスでは、鍵のかかるような施設については、定期的にアドボケイトが訪問することが必須となっています。日本でもそのような仕組みが必要だと思います。

第五はシステムアドボカシーです。子どもの権利についてマスコミを通じて世論に訴えたり、政策提言を行ってその実現を行政に働きかけたりして、子どもの権利が守られる社会を創る活動です。

第六は子ども若者の参画です。先に述べた障害児協議会の活動に学んで、アドボカシーセンターの全ての活動に当事者の参画を求め、子どもとともに活動していくのです。そのためには、子どもアドボカシーセンターＮＡＧＯＹＡが設置しているユース委員会のように、子ども若者によるアドバイザリーグループを設置したり、子ども若者スタッフを雇用するなどが求められます。

設立したばかりのアドボカシーセンターがこうしたすべての活動を一気に行うことは難しいかもしれません。できるところから始めて、少しずつ発展させていくことをめざしましょう。また電話やSNSによる子ども相談など、ここに書いていない活動を行うことも素晴らしいと思います。市民のアドボカシー活動は、自発的な熱意から始まり、それによって発展するものです。だからアドボカシーセンターを設立した市民が、「やりたい」と感じることから始めることが大切です。アドボカシーの理念と原則に根差していれば、どのような活動でもいいのです。そのようにして多様なアドボカシーセンターが生まれることが活力になります。

補遺

# 子どもの権利に関する
# 国内人権機関の独立性と機能

——英国・北欧・カナダを対象とする比較研究——

## はじめに

国連子どもの権利委員会（CRC =2002）は、「一般的意見第2号（二〇〇二年）子どもの権利の保護および促進における独立した国内人権機関の役割」において、子どもの権利条約の実施を促進し保護するための重要な機関である子どもオンブズパーソンや子どもコミッショナー等の国内人権機関（National Human Rights Institutions）の意義を明らかにし、その設置を各国に奨励している。一般的意見第2号5では、子どもを対象とした国内人権機関が必要な理由を次のように記載している。

子どもはその発達上の状態ゆえにとくに人権侵害を受けやすいこと。子どもの意見が考慮にいれられるのはいまだに稀であること。ほとんどの子どもは選挙権を有しておらず、人権に対する政府の対応を決める政治プロセスでも意味のある役割を果たせないこと。子どもは、自分の権利を保護するためまたは権利侵害に対する救済を求めるために司法制度を利用するさい、相当の問題に直面すること。そして、自分の権利を保護してくれるかもしれない機関に対する子どものアクセスは一般的には限られていることである（ibid）。

子どもの権利委員会によれば「国内人権機関は、可能であれば憲法上の確固たる基盤を与えられるべきであり、少なくとも法律による委任が与えられなければならない」（ibid）とされる。そして法的に委任された権限と独立性を持ち、子どもが主導している組織を含む様々な団体を代表し、子どもの権利条約の実施状況について監視し、勧告や報告を作成すると共に子どもの権利侵害に対する救済を提供するものである。

子どもの権利委員会（CRC =1998）は、第一回日本政府報告書において「子どもたちの権利の実施を監視する権限を持った独立機関が存在しないことを懸念」し、「既存の『子どもの人権専門委員』制度を制度的に改善しかつ拡大するか、もしくは子どもの権利のためのオンブズパーソンまたはコミッショナーを創設するかのいずれかの手段により、独立した監視機構を設置するために必要な措置をとるよう勧告」した。同委員会は第二回報告書審査（二〇〇四年）、第三回報告書審査（二〇一〇年）、第四回・第五回報告書審査（二〇一九年）においても同様の懸念を示し、パリ原則に基づく国レベルの人権機関を設置することを勧告している。

こうした勧告を受けて、日本政府はようやく二〇一六年に児童福祉法を改正し、第一条で「児童の権利に関する条約の精神にのっとり」と規定するとともに、第二条に「児童の年齢及び発達の程度に応じて、その意見が尊重され、その最善の利益が優先して考慮され」と規定し、子どもの意見表明権を法律上明確に位置づけた。しかしながらすべての子どもを対象とした国レベルの国内人権機関を直ちに設置する政策の実現は困難な状況であり、児童福祉領域における子どもの権利擁護の仕組みの検討が厚生労働省によって進んでいる。

一方、世界的には、先進国の多くに子どもの権利の保護促進のための国内人権機関が置かれている。それらはパリ原則に準拠した機関として子どもの権利条約の実施状況を監視するとともに、子どもの権利の擁護者・代弁者として子どもの参加権と意見表明権を保障する子どもアドボカシーをも提供している。私は、そうした国内人権機関のうちでも世界的に大きな影響を与えた七つの機関を訪問し、インタビュー調査と資料収集を実施した。そこで得られた情報と関係資料を元に七つの機関の独立性と機能を比較検討して現状を明らかにするとともに、日本において子どもの権利擁護機関を構想する際に必要な示唆を得ることが本稿の目的である。先行研究には各国毎の国内人権機関についての紹介や研究は見られるが、それらを比較検討したものは見られず、新たな知見を加えるものである。なお

表１　訪問調査の概要

| 調査日時 | 国（地域） | 機関名 | インタビュー調査協力者 |
| --- | --- | --- | --- |
| 2009年4月 | 英国（イングランド） | 11 Million（現 Children's Commissioner for Engaland） | Atkinson, Maggie（子どもコミッショナー） |
| 2009年6月 | 英国（ウェールズ） | Children's Commissioner for Wales | Hosking, Peter（政策担当） |
| 2009年7月 | 英国（スコットランド） | Scotland's Commissioner for Children and Young People | Baillie, Tam（子どもコミッショナー） |
| 2009年8月 | 英国（北アイルランド） | Northern Ireland Commissioner for Children and Young People | Lewsley, Patricia（子どもコミッショナー） |
| 2012年2月 | ノルウェー | Ombudsman for Children in Norway(Barneombudet) | Reidar, Hjermann（子どもオンブズマン） |
| 2012年2月 | スウェーデン | Ombudsman for Children in Sweden (Barnombudsmannen) | Fredrik, Malmberg（子どもオンブズマン） |
| 2015年3月 | カナダ（オンタリオ州） | Provincial Advocate for Children and Youth | Irwin, Elman（州子どもアドボケイト） |

作成：著者

訪問調査の概要は表1の通りである。

## 1　子どもの権利擁護のための国内人権機関に求められる独立性と機能

国内人権機関とは、一九九二年に国際連合人権委員会の決議一九九二／五四によって採択され、一九九三年に国際連合総会決議四八／一三四に拠って承認された「国内機構の地位に関する原則」（パリ原則）によって規定されるものであり、国連加盟国の国民の人権水準の向上のため、政府、議会及び権限を有するすべての機関に対し、人権の促進及び擁護に対するすべての事項について、助言、意見、提案、勧告を行う権限を有する政府から独立した機関である。子どもの権利に関しては、包括的な人権に関わる委員会で取り扱われるものもあるが、ヨーロッパ諸国では子どもの権利に特化した子どもオンブズパーソンや子どもコミッショナーと呼ばれる機関を設置している。

パリ原則の「権限及び責務」では「当該国家が締約国となっている国際人権条約と国内の法律、規則及び実務との調和と条約の効果的な実施を促進、確保すること」を規定している。従って子どもの権利を所掌する国内人権機関は、子どもの権利条約の実施状況を監視する権限と責務を負っている。そして、次の四つの観点からの独立性が求められている。

一．法律上および運用上の自立を通じた独立性

(1)独立した法的地位を与えられ、政府のどの省庁からも公私を問わず介入や妨害を受けることなく権能を行使できること。

(2)国内人権機関が日々の業務を、機関以外のいかなる個人、組織及び政府部局からも独立して執り行う能力をもつこと。

(3)救済申立ての調査をするために、外部、特に政府部局の協力を強制できる法的権能（legal authority）をもつこと。

二．財政上の自立を通じた独立性

(1)国内人権機関は、自ら予算を編成する責任を任され、その予算を直接議会に承認のため提出することができ、議会の役割は、会計報告の審査と評価に限定されることを設置法で明記すること。

(2)国内人権機関の予算は、どの省庁の予算とも連携していないのが一般的に望ましい。

三．任命及び解任手続を通じての独立性

四．構成を通じての独立性

社会学的および政治的多元性主義を反映し、多様性を有しなければならないこと（日本弁護士連合会 2018: 7）

本稿では一の各項目を法律上の独立性、運用上の独立性、権能上の独立性、と命名し、財政上の独立性、任免を通じての独立性、構成を通じての独立性と合わせて六つの要素を抽出し、独立性について分析・評価する際の準拠枠とする。法律・運用・任免・構成の四つの要素は独立した組織運営を可能にする形式的要件であり、権限と財源は機能の実効性を担保するための要件である。組織運営上の独立性が担保されていても権限がなければ、または必要な財源が配分されていなければ、実効性を持つことはできないからである。

またパリ原則に基づく子どもを対象とした国内人権機関は、次の四つの機能を有していなければならない。

①子どもの権利や利益が守られているかどうかを行政から独立した立場で監視する。
②子どもの代弁者として、子どもの権利の保護・促進のために必要な法制度の改善の提案や勧告を行う。
③子どもからのものを含む苦情申立てに対応し、必要な救済を提供する。
④子どもの権利に関する教育や意識啓発を行う（平野 2001: 244-5）。

本稿では、この四つの機能を、①監視機能、②制度改善機能、③救済機能、④教育啓発機能と呼び、これらを総称して基本機能とする。こうした基本機能に⑤アドボカシー機能・⑥子ども参加促進機能の二つの付加機能を加えた六機能を、子どもを対象とした国内人権機関の機能として抽出し、これを準拠枠として分析と比較を行う。権利侵害を受けた子どもからの申立に基づいて調査を実施し、勧告等により権利救済を図る機能を一般に「救済機能」と呼ぶ。これに対して、アドボカシーを、イギリス保健省の「子どもアドボカシーサービス提供のための全国基準」に依拠して、「子どもの意見、願い、ニーズを意思決定者に対して代弁すること」（Department of Health 2002=2009: 168）と定義する。救済申立までには至らない子どもたちの意見や懸念を意思決定者に代弁して子どもの権利が決定の際に考慮されるように働きかける機能である。子どもを対象とした国内人権機関においては、法律や要綱に明記されているか否かにかかわらず、実質的にこの機能を遂行している。

また組織運営や制度改善、教育啓発等において子ども参加を実践し、子ども参加の模範的実践を創造する機能も、子どもを対象とする国内人権機関は有している。例えばイングランドとスコットランドの子どもコミッショナーは、根拠法により、職務に関して子どもに相談することが義務付けられて

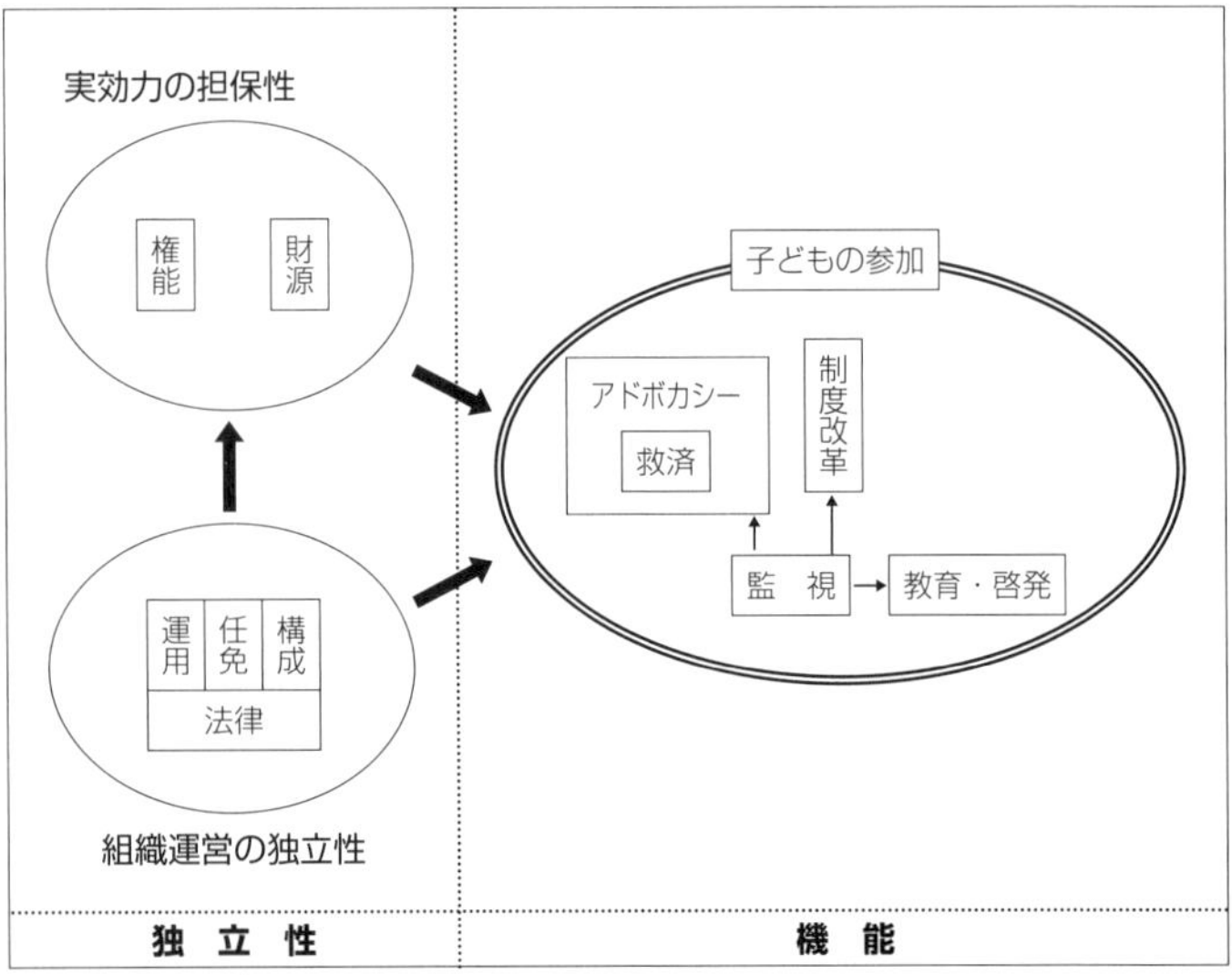


図１　国内人権機関の独立性と機能の構造　作成：著者

いる（イングランド Children Act 2004 2 (4)、スコットランド The Children & Young People (Scotland) Act 2014 (6) 2 (b) (c)）。

子ども参加を通して子どもの声を聴くことは、国内人権機関の機能行使の前提となっており、子どもの権利条約の実施状況の監視はそれを通して行われる。そして個別救済や制度改善、教育啓発も子ども参加により行われているのである。

以上を踏まえて、国内人権機関の独立性と機能の構造を図1のように理解した。以下では、この枠組みに基づいて、各国の国内人権機関の独立性と機能を考察する。

## 2　英国子どもコミッショナーの独立性と機能

### ①概況

英国初の子どもコミッショナーは、二〇〇一年にウェールズで設置された。そのきっかけとなったのは、北ウェールズで長期間に渡りチルドレンズ・ホーム内で虐待が生じていたことが発覚したことである。その調査を担当した Waterhouse (2000) は Lost in Care という報告書を二〇〇〇年に発表した。その中で彼は、こうした事態の再発を防止するために子どもコミッショナーの設置を勧告したのである。この勧告はただちに議会で審議され、その結果 Care Standard Act 2000 により子どもコミッショナーの設置が決定され、Children's Commissioner for Wales Act 2001 により、その対象はウェールズに住むすべての子どもに拡大された。

その後、北アイルランドでは二〇〇三年に、スコットランドでは二〇〇四年に子どもコミッショナーが設置された。ところがイングランド政府は、子どもの権利を擁護する他の制度があるとの理由でコミッショナーを設置しなかった。そこで一二〇を超える団体がコミッショナー設置のための運動を展開し、二〇〇五年にようやく設置されることになったのである (Boylan ら 2009: 30)。

英国内の四つの地域にはそれぞれ地方議会が置かれており、自治が行われている。従って子どもコミッショナーの設置についても、それぞれの経緯の中で独自の法律によって行われ独立性・機能は異なっている。ここでは、独立性・機能を検討するに先立ち、四つの子どもコミッショナーの特徴を明らかにしておきたい。

**表2**は各子どもコミッショナーの特徴を一覧表にしたものである。任命はスコットランドのみ女王から直接行われており、地方自治体からの強い独立性を持っている。任期はウェールズでは七年一期のみ、スコットランドでは八年以内（議会が決定）であり、他は一度のみ再任を認めている（**表2**中の＋は再任の意味である）。

コミッショナーの予算を決定する機関と年次報告・調査報告等の報告書の提出先は議会・政府機関に分かれており、政府機関に予算決定や報告書提出義務がある場合には独立性が弱い。どのコミッ

表2　英国子どもコミッショナーの概況

| | イングランド | ウェールズ | スコットランド | 北アイルランド |
|---|---|---|---|---|
| 名称 | Children's Commissioner for England | Children's Commissioner for Wales | Commissioner for Children and Young People Scotland's | Northern Ireland Commissioner for Children and Young People |
| 根拠法 | Children Act 2004・Children and Families Act 2014 | Care Standards Act 2000・Children's Commissioner for Wales Act 2001 | The Commissioner for Children and Young People (Scotland) Act 2003・The Children & Young People (Scotland) Act 2014 | The Commissioner for Children and Young People (Northern Ireland) Order 2003 |
| 設置年 | 2005年 | 2001年 | 2004年 | 2003年 |
| 職務 | 子どもの権利を保護し促進すること | 子どもの権利と福祉を保護し促進すること | 子どもの権利を保護し促進すること | 子どもの権利と最善の利益を保護し促進すること |
| 任命 | 英国政府 | 地方政府 | 英国女王 | 地方政府 |
| 任期 | 5年＋5年 | 7年（再任不可） | 8年以内（議会が決定） | 4年＋4年 |
| 予算(2017-18)(2018.11.26換算) | £2,471,000(357,487,719円) | £1,583,000(229,094,172円) | £1,377 ,000(199,266,055円) | £1,339,429(193,844,206円) |
| 人口(2017) | 55,619,400 | 3,125,200 | 5,424,800 | 1,870,800 |
| 予算／人口 | £0.04(6.42円) | £0.51(73.8円) | £0.25(36.8円) | £0.72(101.6円) |
| 予算決定 | 英国政府 | 地方政府 | 地方議会 | 地方政府 |
| 年次報告提出先 | 英国国会 | 地方政府 | 地方議会 | 地方政府 |
| 調査権限 | 有 | 有 | 有 | 有 |
| 個別ケース調査 | 否 | 可 | 可 | 可 |
| 子ども参加 | 有 | 有 | 有 | 有 |

作成：著者

表3　イングランド子どもコミッショナーの独立性と機能

| 独立性 | | | 機能 | | |
|---|---|---|---|---|---|
| | 項目 | 評価 | | 項目 | 評価 |
| 形式 | 法律 | △ | 基本 | 監視 | ○ |
| | 運用 | ○ | | 制度改善 | ○ |
| | 任免 | △ | | 個別救済 | △ |
| | 構成 | ○ | | 教育啓発 | ○ |
| 実効 | 機能 | △ | 付加 | アドボカシー | △ |
| | 財政 | △ | | 子ども参加 | ○ |

作成：著者

ショナーにも、子どもの権利全体に関わる事案及び個別ケースに関する調査を実施する権能がある。

## ②イングランド子どもコミッショナーの独立性と機能

イングランド子どもコミッショナーの独立性と機能は表3の通りである。根拠法はChildren's Act 2004及びChildren and Families Act 2014である。Children Act 2004の第一部は子どもコミッショナーについて九条に渡って規定している。二では子どもコミッショナーの職務について以下の通り規定している。

（1）子どもコミッショナーの主要な職務はイングランドに居住する子どもの権利を保護促進することである。

（2）主要な職務は、子どもの意見と利益についての認識を促進することを含む。

（3）子どもコミッショナーは主要な職務遂行にあたって、特に以下のことを行う。

（a）子どもに影響を及ぼす仕事や活動に従事している人たちに対して、それらを子どもの権利に合致する方法で行う方法について助言する。

(b) 上記の人々が子どもの意見と利益を考慮するように促す。
(c) 国務大臣に対して子どもの権利、意見、利益について助言する。
(d) 政府が提案する政策及び規則が子どもの権利に対して及ぼす影響を検討する。
(e) 子どもに関する問題について両議院の注意を喚起する。
(f) 子どもに関する苦情解決手続きの利便性と効果を調査する。
(g) 子どもアドボカシーサービスの利便性と効果を調査する。
(h) 子どもの権利または利益に関係するその他の問題を調査する。
(i) イングランドにおける子どもの権利条約の実施状況を監視する。
(j) 本条により検討又は調査した問題に関して報告書を提出する。

イングランド子どもコミッショナーは、二つの法律により独立した法的地位を与えられ、独立して権能を行使できるようになっている。また以前は調査（Inquiry）実施に先立って国務大臣の事前承認を受ける必要があったが、この制約はChildren and Families Act 2014により取り払われた。そのため現在では「法律上の独立性」を明確に担保している。また独立した事務局とスタッフを擁し、他の個人、組織及び政府部局から独立して業務を執り行う能力と権限を持っているため、「運用上の独立性」も満たしている。

またコミッショナーは、任期中は職務を遂行できない特別な理由がなければ解任されない。しかし任免は教育省大臣によって行われる。議会ではなく行政機関により任免が行われるため、「任免を通じての独立性」は完全には担保されていない。職員の採用はコミッショナーによって行われ、マイノリティに配慮した多様な職員構成が取られており「構成を通じての独立性」は担保されている。

権能に関しては、Children Act 2004 2 (3) (f) (g) (h) により、子どもの権利に関する調査権限を有している。ただし２（５）により個別の申立を調査する権能を有しておらず、３（１）によりイングランドの子ども政策に関する問題提起を含んだ個別ケースに関する調査権限のみを有している。そのため「権能上の独立性」は一部のみを満たしていると評価する。

予算については教育省の認可を必要とするが、報告は直接国会に対して行われる。教育省の認可を必要とする点で、「財政上の独立性」は不完全である。また予算規模は、人口比に換算すると英国で最も低く、ウェールズの一〇分の一以下である。

機能に関しては、強力な監視機能・制度改善機能を有している。二〇一八年度の年次報告によれば、デジタル・インケア・刑務所で暮らす少女・ハイリスク家庭・政策立案の五つの項目に重点的に取り組み、制度改善提言を行っている。例えばGrowing up North プロジェクトは子どもたちの成績に地域差があることへの理解を高め、そのことに対して地方が何をすることができるかについて提言している（CCE 2018）。*Lightning Review: Access to Child and Adolescent Mental Health Services* は、専門機関に問い合わせた子どもたちの二八％が青春期精神保健サポートから締め出されていること、そして受診資格を得た子どもは最高二〇〇日待つことになった現状を明らかにしている（CCE 2016）。この二つに代表されるような様々な調査や研究を行い、制度改善提言を行っている。

またコミッショナーは様々なメディアで積極的な発信を行っており、教育・啓発機能も発揮されていると言える。

一方で、すでに述べたように個別ケースへの調査実施権限を有していない点が、最大の課題である。「権能における独立性」を満たしていないといえる。その結果、アドボカシー機能についても、コミッショナー自身がアドボカシーを提供することは困難である。ただし、イングランドにおいては、福祉サービスを利用する子どもへの独立アドボカシーサービス提供が基礎自治体に義務づけられており、この制度と連携することによりアドボカシーが展開されているのである。

子ども参加についてはChildren Act 2004 2B (2)において職務遂行にあたって子どもに相談することが定められており、特別顧問団（Specialist Advisory Group）の一つとして特別子ども顧問団（Specialist Children's Group）が設けられている。

### ③ウェールズ子どもコミッショナーの独立性と権限

Care Standards Act 2000第五部において七条にわたって子どもコミッショナーの設置が規定されている。それは次のようなものである。

72　ウェールズ子どもコミッショナー
73　アレンジメントの審査と監視
74　個別ケースの調査
75　調査の妨害等
76　その他の職務
77　制限
78　解釈

ウェールズ子どもコミッショナーの特徴は、アレンジメント（行政や民間団体の子どもサービス）

表4　ウェールズ子どもコミッショナーの独立性と機能

| 独立性 | | |
|---|---|---|
| | 項目 | 評価 |
| 形式 | 法律 | ○ |
| | 運用 | ○ |
| | 任免 | △ |
| | 構成 | ○ |
| 実効 | 機能 | ○ |
| | 財政 | ○ |

| 機能 | | |
|---|---|---|
| | 項目 | 評価 |
| 基本 | 監視 | ○ |
| | 制度改善 | ○ |
| | 個別救済 | ○ |
| | 教育啓発 | ○ |
| 付加 | アドボカシー | ○ |
| | 子ども参加 | ○ |

作成：著者

を審査及び監視し（73）、必要があれば個別ケースについて調査を行うことができる（74）強力な権限を持っていることである。Care Standards Act 2000 においては、子どもコミッショナーの権限は、アレンジメントの対象となる子どもに限られていたが、Children's Commissioner for Wales Act 2001 の制定により、その権限はすべての子どもに拡張された。また同法により権限も大幅に強化され、ウェールズ議会やその他の団体の活動の子どもへの影響を審査すること等が行われるようになった。またウェールズ政府は、子どもコミッショナーを支援する法令と枠組についての独立レビューを二〇一四年に実施し、その結果に基づき子どもコミッショナーの機能を強化している。

　このように、ウェールズ子どもコミッショナーは二つの法律によって独立性を付与された独立法人（corporation sole）であり、「誰もコミッショナーに対して指示をすることはできず、コミッショナーは最終的な意思決定者であり、結果に関して全責任を負う」（CCW 2018）のである。また独立した事務局とスタッフを擁し、他の個人、組織及び政府部局からも独立して業務を執り行う能力と権限を持っている。そのため「法律上の独立性」及び「運用上の独立性」を満たしている。コミッショナーの任期中は職務を遂行できない特別な理由がなければ解任できないが、任免は地方政府によって行われる。従って「任免を通じての独立性」は完全には担保されていない。ウェールズ子どもコミッショナーには、一〇～一二人のコミッショナー諮問委員会（Commissioner's Advisory Panel）が置かれている。それは年齢、性別、障害の有無など多様な委員で構成されている。職員構成においても多様性に留意されている。従って「構成を通じた独立性」が担保されているものと評価できる。

子どもコミッショナーは強力な調査権限を持ち、調査に対する妨害や違法行為に対抗する高等法院（High Court of Justice）と同等の権限を持っている（Care Standards Act 2000 75）。そのため「権能の独立性」は担保されている。一方予算の編成権はあるが認可は地方政府が行うため、「財政上の独立性」は完全ではない。

機能に関しては、監視・制度改善・個別救済・教育啓発の四つの基本機能を満たしている。年次報告によれば、一年間に九四四三人の子どもの声を聴き、調査や助言により五五四人の子どもを支援している（CCW 2018: 6）。二〇〇〇人の子どもの声を元に「いじめ取組資料」の開発、イスラム教嫌悪を克服する人権教育資料の開発、障害児への支援の保障、インケアの子どもの意見表明権の保障など、多くの課題に取り組んでいる（ibid: 6）。このことから、監視・制度改善・教育啓発に大きな成果を上げているものといえる。

また五五四人の子どもに対して教育と福祉の問題に関して「独立調査・アドバイスサービス」（Independent Investigation and Advice Service）により支援していることから、個別救済は機能しているものといえる（ibid: 24）。コミッショナーは、さらにサービスに対する苦情申し立てなどの様々な所定の手続きにおいて、経済的な支援や助言等のサポートを行っている。このようなコミッショナーによるアドボカシーとともに、ウェールズにおいても基礎自治体に独立子どもアドボカシーサービスの提供が義務づけられており、Coram Voice や Children's Society 等のチャリティー団体にその多くが委託されている、こうしたサービスとの連携により、強力な子どもアドボカシーが展開されているのである。

子ども参加に関しては、一二～一八人からなる若者諮問委員会（Young Peoples Advisory Panel）を組織しており、コミッショナー諮問委員会にもその代表が二～四人参画しており、おとなと共同で委員長を務めている。また学校での子どもの権利の擁護促進のために、子どもたちから選挙により選出された特別大使（Super Ambassador・小学校）、生徒大使（Student Ambassador・中学校）が置かれている。これらに象徴的なように、コミッショナーは子ども参加にも積極的に取り組んでいる。

### ④スコットランド子どもコミッショナーの独立性と権限

多くの市民団体がスコットランドの子どもの声を代弁する機関をつくり出すために一〇年に渡って運動を展開してきた。そして二〇〇二年に市民団体が共同で、コミッショナーが必要な根拠をスコットランド議会教育文化スポーツ委員会に提出した。その結果、Commissioner for Children and Young People (Scotland) Act 2003 が可決され、子どもコミッショナーが設置されたのである。同法は、四条から九条まで六項目に渡ってコミッショナーについて規定している。

4　権利の保護と促進
5　国連条約と機会平等
6　子ども参加
7　調査の運用
8　調査開始と実施

表5　スコットランド子どもコミッショナーの独立性と機能

| 独立性 | | |
|---|---|---|
| | 項目 | 評価 |
| 形式 | 法律 | ○ |
| | 運用 | ○ |
| | 任免 | ○ |
| | 構成 | ○ |
| 実効 | 機能 | ○ |
| | 財政 | △ |

| 機能 | | |
|---|---|---|
| | 項目 | 評価 |
| 基本 | 監視 | ○ |
| | 制度改善 | ○ |
| | 個別救済 | ○ |
| | 教育啓発 | ○ |
| 付加 | アドボカシー | △ |
| | 子ども参加 | ○ |

作成：著者

## 9　調査：証言と文書

「4　権利の保護と促進」では以下のように子どもコミッショナーの機能を規定している。

（1）子どもコミッショナーの主要な職務は子どもの権利を保護促進することである。

（2）子どもコミッショナーは主要な職務遂行にあたって、特に以下のことを行う。

（a）子どもの権利に関する認識と理解を促進する。

（b）子どもの権利と関係する法律、政策及び実践を、適切性と効果の観点から継続的に評価する。

（c）サービス提供者が最良の実践を行うよう促す。

（d）子どもの権利に関する調査を促進、委嘱、実施し、報告書を発行する

英国の他の子どもコミッショナーと比較した時、法律と政策を子どもの権利の観点から審査することが明確に規定されている点が特徴である。また職務の執行にあたっては子どもの権利条約を尊重することが強く求められている（5）。子ども参加についても、「コ

ミッショナーが行う職務について子ども及び子どものための団体に相談するため適切な措置を取らなければならない」ことが明記されている（6（2）（b）（c））。

以前は「他の子ども一般もしくは特定の子どもに係わる重大な問題を喚起する」（7（2）（a））場合を除いて、個別の子どものケースを調査することはできなかった。しかしThe Children & Young People (Scotland) Act 2014によって個別ケースに関する調査が可能になり、子どもや親、支援しているおとなからの申立を受けて子どもの権利が侵害されているかどうかの調査を行い、必要な場合には勧告を行うことができるようになった。この業務を「アドバイスと調査チーム」が行っている。

このようにスコットランド子どもコミッショナーも、二つの法律によって「法律上の独立性」・「運用上の独立性」を保障されている。年次報告書提出先も地方議会であり、このことも運用上の独立性を担保するものである。そして重要なことは、英国で唯一スコットランド議会の指名に基づいて英国女王から直接任命されており（Commissioner for Children and Young People (Scotland) Act 2003 2）、英国で最も強い「任免を通じての独立性」を有している点である。また戦略・アドバイスと調査・総務・コミュニケーションの四つのチームからなる一五人の多様な背景を持つスタッフを擁しており、「構成を通じての独立性」も担保されている。

権利救済の権能については、The Children & Young People (Scotland) Act 2014によって付与され、独立性のある権限行使が可能である。「財政上の独立性」については、予算の決定は地方議会が行い、年次報告書提出先も地方議会であるから、担保されているといえる。ただし予算規模は、人口比に換算するとウェールズの約二分の一であり、十分であるとは言えない。

機能に関しては、監視・制度改善・個別救済・啓発教育の四つの基本機能を満たしている。子どもの声を聴いて、貧困、社会的養護、施設で暮らす子どもたちの苦情、特別なニーズ、少年非行など、様々な不利な状況に置かれた子どもの権利実現のための支援を行った（CYCS 2018）。また二〇一八年には新たに付与された調査権限により「学校における拘束と隔離」についての調査を行っている。

二〇一七年にコミッショナーに就任したAdamson, Bは弁護士であり、戦略的訴訟チーム（strategic litigation team）を立ち上げ裁判に介入している。このことを通して法律と政策に影響を及ぼそうとしているのである。それは次のようなものである。

> 裁判所の決定は法律や原則の重要な一部分をなしており、その事案の当事者ではない子どもの権利に影響を及ぼす。二〇一八年に私たちは法律に挑戦するために「戦略的訴訟チーム」を立ち上げた。それは法律と政策に大きな変化をもたらし、子どもの生活の向上に寄与することになると私たちは信じている。こうした事案の場合には、コミッショナーは、裁判所に介入の（ひいては参加の）許可を申請する。コミッショナーは誰の側にも立たないし、誰をも代弁しない。そうではなく、権利の問題に裁判所が注意を向けるように促し、それによって裁判官がより良い判決を下せるようにするのである（ibid: 10）。

個別アドボカシーについては、貧困、障害等、不利な状況にある子どもに対して提供している。しかし、イングランド・ウェールズのような独立アドボカシーサービスが制度化されていないこと、及びスコットランドの広大な面積と一〇〇万人を超える子ども人口を考慮すると、十分に機能することは難しいものと考えられる。

子ども参加に関しては、スコットランド各地の一一人からなる青年顧問団（Young People's

Advisers）を組織し、またスコットランド全域から集まった六〇人の若者により三日間に渡って開催される青年人権集会（Young People's Human Rights Gathering）を開催している。こうした子どもの声を元に、政策提言を行っているのである。

### ⑤北アイルランド子どもコミッショナーの独立性と機能

英国においてウェールズに続いて子どもコミッショナーが設置されたのが北アイルランドである。その根拠法は、The Commissioner for Children and Young People (Northern Ireland) Order 2003 である。その6（1）において「この政令の下でコミッショナーが職務を遂行する最も重要な目的は、子どもの権利と最善の利益を保護し促進することである」と定めている。そしてコミッショナーが拠り所とする価値は以下の通りである。

子ども中心：子どもはすべての活動の中心であり、子どもの参加を励まし尊重する。
権利基盤：国連子どもの権利条約を基盤とする。
連携：子どものためにより効果のある活動ができるように、独立性を維持しながら他の機関や個人と協力する。
独立性：政府及び関係機関に挑戦し、責任を追及する。
ダイナミック：革新的で柔軟に変化する組織運営を行う。
透明性：開かれた、誠実な、説明可能な、迅速に応答できるやり方で、すべての仕事を行う。
可能化：子どもの権利の促進に向けて行動することができるように、子ども、親、その他の人々を支援する（NICCY 2018a: 11）。

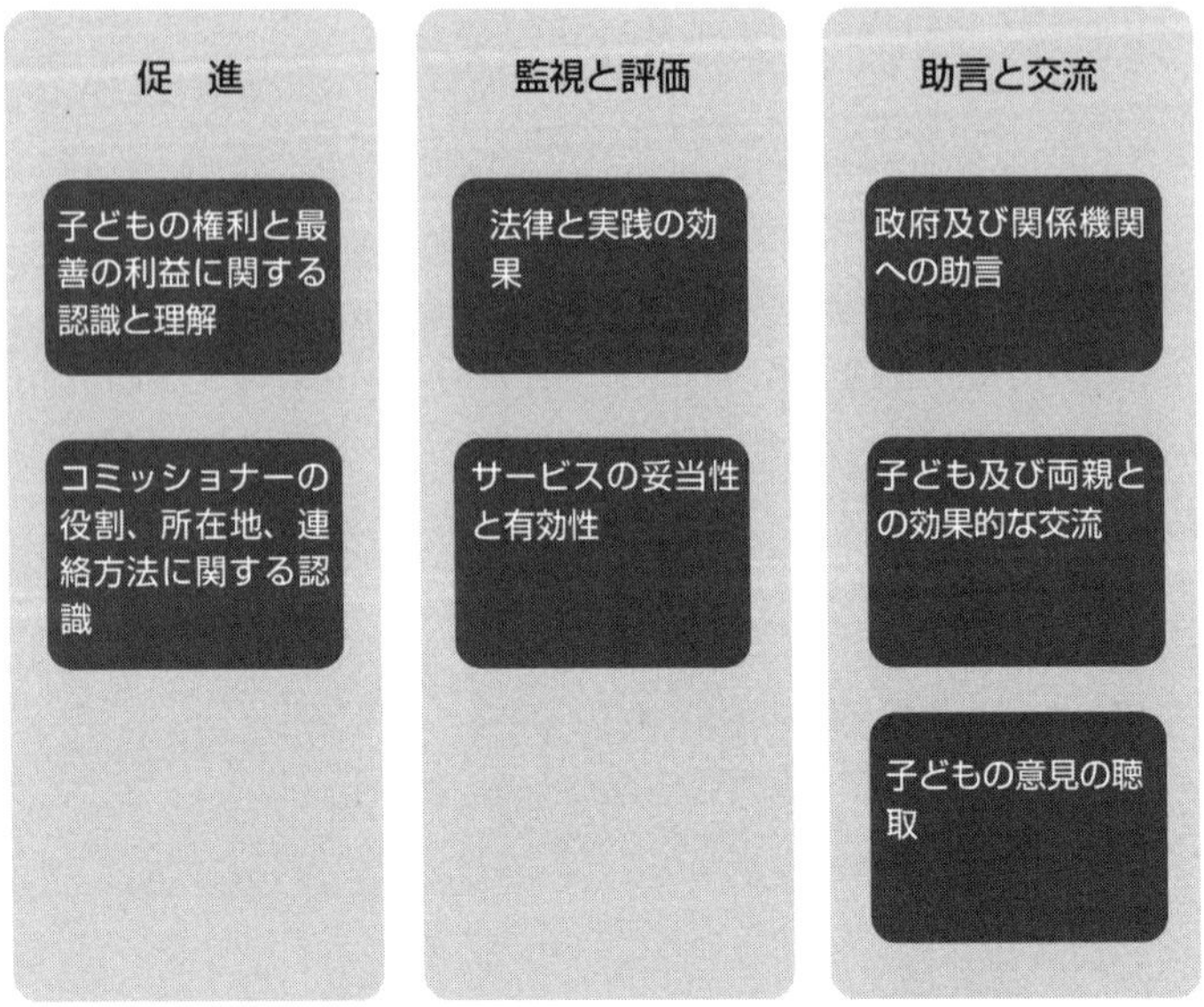


図2　北アイルランド子どもコミッショナーの法的義務
NICCY(2018a:13)

さらに北アイルランド子どもコミッショナーの法的責務と法的権限は図2・図3の通りである。

他方「法律上の独立性」「運用上の独立性」に関しては、The Commissioner for Children and Young People (Northern Ireland) Order 2003により保障されている。しかし、法律ではなく政令（Order）により規定されている点、年次報告書を地方政府に提出し認可を得なければならないことから、「法律上の独立性」には限界があるものと評価できる。また任免も地方政府が行うため、「任免の独立性」も制約がある。事務局長と法律・調査チーム（三名）、総務チーム（九名）、政策・参加チーム（七名）から構成される多様な属性を持つ二〇名のスタッフを擁しており、「構成を通しての独立性」は担保されている。

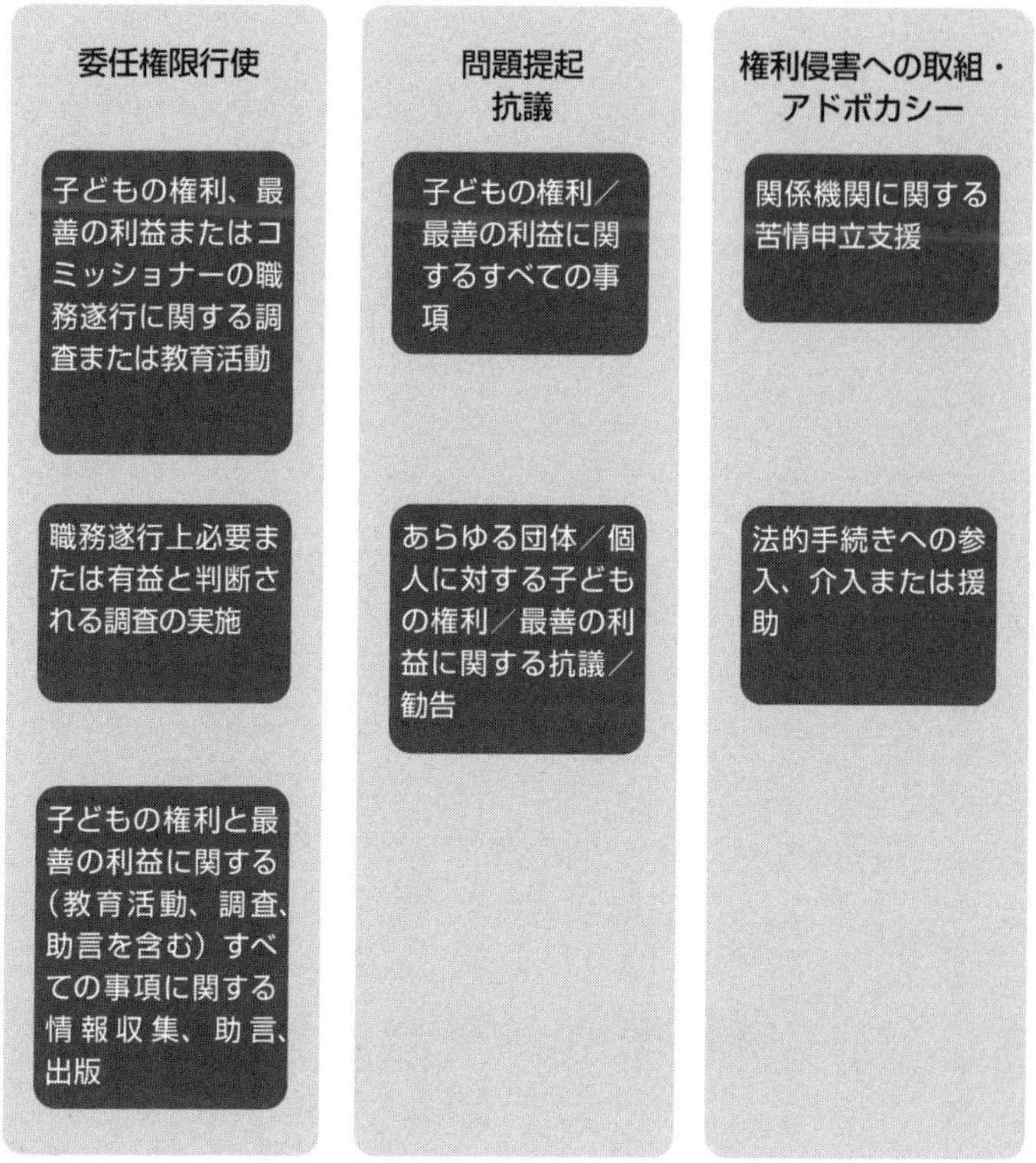


図３　北アイルランド子どもコミッショナーの法的権限
NICCY(2018a:14)

図３から明らかなように、北アイルランド子どもコミッショナーには権利侵害の救済を行う法的権能が付与されている。北アイルランド子どもコミッショナーはウェールズの制度を参考に作られたため、ウェールズ同様、調査に対する妨害や違法行為に対抗する高等法院と同等の権限を持っている（The Commissioner for Children and Young People (Northern Ireland) Order 2003 20-(1)）。しかし権限行

表6　北アイルランド子どもコミッショナーの独立性と機能

| 独立性 | | | 機能 | | |
|---|---|---|---|---|---|
| | 項目 | 評価 | | 項目 | 評価 |
| 形式 | 法律 | △ | 基本 | 監視 | ○ |
| | 運用 | ○ | | 制度改善 | ○ |
| | 任免 | △ | | 個別救済 | ○ |
| | 構成 | ○ | | 教育啓発 | ○ |
| 実効 | 機能 | ○ | 付加 | アドボカシー | ○ |
| | 財政 | △ | | 子ども参加 | ○ |

作成：著者

使に対する制約がコミッショナーに関する法規定の中に存在することが指摘されており（CCE et al 2015: 5）、「権能上の独立性」は完全ではない。

予算の決定については地方政府が行うため、「財政上の独立性」が担保されているとは言えない。この点については、二〇〇六年及び二〇一三年に行われた第三者評価によって指摘されているが、改善の動きは見られない（ibid: 5）。ただし予算規模は、人口比に換算すると、英国内で最も大きい。

北アイルランド子どもコミッショナーは監視、個別救済、制度改善、教育啓発の四つの基本機能を満たしている。「監視と評価」（Monitor & Review）（図2参照）が法的義務とされている。また「権利侵害への取組・アドボカシー」（Address Right Breaches・Advocacy）（図3参照）が法的権限とされており、強力な個別ケースへの調査権限を背景にアドボカシーも機能している。その他権利に関する助言、苦情申し立ての支援も行われている。制度改善には特に注力しており、精神保健福祉、教育における不平等の克服とインクルージョンの促進、（虐待・暴力等による）葛藤の後遺症への取組、差別解消、子ども保護の強化、少年司法への取組に関して、多くの勧告や行政への働きかけを行っている（NICCY 2018a: 35）。

教育啓発については、マスコミ等を通して社会に向けて発信するとともに、「意識覚醒セッション」（Awareness raising sessions）を専門職と子どもたちに提供している（ibid: 35）。

子ども参加に関して、コミッショナーは、コミッショナーの活動に対して助言・協力する「青年諮問委員会」（Youth Panel）を組織している。二〇一八年現在は、多様な宗教、障害、民族を代表する六〇人の子どもが北アイルランド全域から参加している（NICCY 2018b）。

## 3　北欧子どもオンブズマンの独立性と機能

近年は「オンブズパーソン」と表記されることが多いが、訪問調査時点では一般に「オンブズマン」（Ombudsman）と表記されていたため、本節ではこの表記を用いる。

### ①概況

現代のオンブズマン職制の起源はスウェーデンにある。中世に起源をもつこの職制は、一九世紀に「国会の代理人」としての機能を持つようになる。そして第二次大戦以降、女性・障害者・移民など特に権利侵害を受けやすい特定のグループを対象とした専門オンブズマンが設置される。こうした動きの中で、北欧では他の地域に先駆けて子どもの権利を対象とした子どもオンブズマン（ノルウェーではBarneombudet、スウェーデンではBarnombudsmannen）が設置されるにいたる。

一九八一年に、ノルウェー子どもオンブズマンが世界最初の公的子どもオンブズマンとして設置された。そしてコスタリカ、イスラエルに続いて、世界で四番目の公的子どもオンブズマンとしてスウェーデン子どもオンブズマンが設置された。ノルウェーとスウェーデンの子どもオンブズマンは先駆的な活動を行い、各国でその後設立される同様の機関のモデルとなってきた。その後、一九九五年にはデンマーク子どもの権利国家評議会が、二〇〇四年にアイスランド子どもオンブズマンが、二〇一二年にはフィンランド子どもオンブズマンが設置され、北欧のすべての国に子どもの権利に関する国内人権機関が置かれるようになったのである。

表7　ノルウェー・スウェーデンの子どもオンブズマンの概況

| | ノルウェー | スウェーデン |
|---|---|---|
| 名称 | Ombudsman for Children in Norway (Barneombudet) | Ombudsman for Children in Sweden (Barnombudsmannen) |
| 根拠法 | ACT NO. 5 OF MARCH 6. 1981 | The Children's Ombudsman's Act 1993 |
| 設置年 | 1981 | 1993 |
| 職務 | 公私の機関に対して子どもの利益を促進すること及び子どもが育つ環境の改善を追究すること | 国連・子どもの権利条約にもとづくスウェーデンの誓約に照らし、子どもおよび若者の利益を代表する |
| 任命 | 国王 | 政府 |
| 任期 | 6年（再任不可） | 6年 |
| 予算（2017-2018）（2018.11.26換算） | 21,461,000（NOK）〔284,726,306円〕 | 40,295,000（SEK）〔503,190,017円〕 |
| 人口 | 5 305,000人 | 9,911,000人 |
| 予算／人口 | 4.05（NOK）（53.8円） | 4.07（SEK）（50.8円） |
| 予算決定 | 政府 | 政府 |
| 報告書提出先 | 政府 | 政府 |
| 調査権限 | 有 | 有 |
| 個別ケース調査 | 無 | 無 |
| 子ども参加 | 無 | 無 |

作成：著者

### ②ノルウェー子どもオンブズマンの独立性と機能

子どもオンブズマンを設置の最初の構想は、

表8　ノルウェー子どもオンブズマンの独立性と権能

| 独立性 | | | 機能 | | |
|---|---|---|---|---|---|
| | 項目 | 評価 | | 項目 | 評価 |
| 形式 | 法律 | ○ | 基本 | 監視 | ○ |
| | 運用 | ○ | | 制度改善 | ○ |
| | 任免 | ○ | | 個別救済 | × |
| | 構成 | － | | 教育啓発 | ○ |
| 実効 | 機能 | △ | 付加 | アドボカシー | △ |
| | 財政 | △ | | 子ども参加 | △ |

作成：著者

一九六〇年代に Bratholm によって「子どもは弱い立場であり、親との対立が生じた際に擁護者を必要とする」という理由で行われた（Flekkoy 1991: 47)。労働党女性機構は、スウェーデンの私設子どもオンブズマンの影響もありこの提案を支持し、法案が国会に提案された。一九八一年に ACT NO. 5 OF MARCH 6. 1981 が国王に認可され子どもオンブズマンが設立された。同法は七条からなり、一〇条からなる施行規則が定められた。その後一九九八年に、アドバイザリーパネルに関する規定が削除される等の改正が行われた。二〇一五年にはパリ原則に準拠した国内人権機関 (National Institution of Human Rights) が設立された。現在の条文の構成は以下の通りである。

1　目的
2　子どもオンブズマン
3　オンブズマンの責務
4　機関へのアクセスとオンブズマンへの情報提供義務
5　オンブズマンの声明
6　オンブズマンへの指示
7　発効

3はオンブズマンの責務を以下のように規定している。

オンブズマンの責務は、公的もしくは私的な関係機関に対して子どもの利益を促進することと、子どもが成長する条件の向上を追究することである。

オンブズマンは特に以下のことを行う。

(a) 自らの発議で、または聴聞により、すべての分野の計画や研究報告に関する子どもの利益を保護する。
(b) ノルウェーの法律と施策が子どもの権利条約に基づくノルウェーの責務と合致しているかどうかを含めて、子どもの利益の保護の観点から立法行為を監視する。
(c) 法の下で子どもの安全を増進できる措置を提案する。
(d) 子どもと社会の間の葛藤を解決または防止するための措置を提案する。
(e) 子どもの権利と子どものために要求される措置に関する十全な情報が公的もしくは私的な関係機関に提供されることを確保する。

第六条には「国王はオンブズマンに対して組織と手続きについての一般的な指示を行う。それ以外には、オンブズマンは独立して機能を執行する」と規定されている。またホームページには「子どもオンブズマンは独立団体である。すなわち私たち自身で選択肢を設定し、どの領域に力を注ぐかを決めることができるのである」(Barneombudet 2018) と記載されている。このように子どもオンブズマンは自らの判断で機能を執行することができる法的地位を与えられているのである。「法律上の独立性」と「運用上の独立性」が担保されているといえる。

またオンブズマンは公募、事前審査、選考され、一名のみ選ばれて国王から任命される。六年一期のみの任期だが、再任されるかどうかを考慮せず行政に対して思いきった批判・提言ができる（Hjermann interview）。強力な「任免を通じての独立性」が担保されているのである。「構成を通じての独立性」は確認できなかった。

予算の決定は政府で行われるため「財政上の独立性」は担保されていない。また個別ケースに関する調査権限は有していない。このことについて、二〇一八年の第五回総括所見において、国連子どもの権利委員会は「子どもに関係するすべての領域において、子どもに配慮した方法で、子どもからの苦情を受け付け、調査し、解決する法的義務を、子どもオンブズマンもしくは国内人権機関に委託する措置をとる」（CRC 2018）ことをノルウェー政府に勧告している。このように個別救済の機能が備わっていないことが課題である。

機能については、オンブズマンは監視・制度改善・教育啓発に関しては、活発な活動を行っている。ホームページによれば具体的な活動は以下の通りである（Barneombudet 2018）。

・子どものために働いている、またはサービスを提供している人々に対して講義やセミナーを行う。
・子どもの権利が十分に尊重されていないと思われるときに関係当局に書簡を送る。
・法律が制定または改正される際に声明を発する。
・メディアのインタビューに応じ、ソーシャルメディアで積極的に発信する。

・政府の大臣や議会の議員と会談する。
・オンライン、メール、電話によりコンタクトした人々に対して子どもの権利に関する助言と情報を提供する。
・最も重要な責務の一つは、子どもたち自身と彼らの経験について対話し、子どもからの勧告と観点を意思決定者に届けることである。
・毎年、子どもの権利を強化するために必要だと思わる若干の領域に対してオンブズマンは特別な注目を払っている。

このように、子ども自身を含む多くの人々からのコンタクトや対話を通じて、子どもの権利に関する監視機能を果たしている。またマスコミやメディアで発信したり、講義やセミナーを行うなど、教育啓発も活発に行っている。

制度改善については、根拠法四に定められた機関への強力なアクセス権限を持ち、政策に大きな影響を与えている。子ども家庭省・子ども家庭大臣という省庁・大臣もオンブズマンの提案で創設され、また子どもオンブズマンの提言により、Children's House という機関が作られた（Hjermann interview）。これは性的虐待を受けた子どもの支援を行う民間団体の活動であるアメリカの Children's Advocacy Center がモデルであり、性的虐待・犯罪など法的証言が必要な場合、または不確実な虐待の場合に利用される機関である。一カ所で、しかも子どもに配慮した環境で必要なすべての調査ができる機能を持つ。また子どもの証言が尊重され、子どもの立場に立って加害者訴追や裁判が行われる。ノルウェーでは子どもオンブズマンの提言により主要都市にこの施設を設置したのである。このよう

表9　スウェーデン子どもオンブズマンの独立性と機能

| 独立性 | 項目 | 評価 |
|---|---|---|
| 形式 | 法律 | ○ |
| 形式 | 運用 | ○ |
| 形式 | 任免 | △ |
| 形式 | 構成 | − |
| 実効 | 機能 | △ |
| 実効 | 財政 | △ |

| 機能 | 項目 | 評価 |
|---|---|---|
| 基本 | 監視 | ○ |
| 基本 | 制度改善 | ○ |
| 基本 | 個別救済 | × |
| 基本 | 教育啓発 | ○ |
| 付加 | アドボカシー | △ |
| 付加 | 子ども参加 | △ |

作成：著者

に政策に関しては強力な調査権限を持ち、制度改善を進めているのである。

前述のように個別ケースへの調査権限を有しておらず、個別救済の機能はない。子どもからの相談を受けた場合には、権利に関する助言、情報提供、関係機関の照会が主な対応である。そのため、アドボカシー機能も制限されている。多くの子どもと対話を重ねているが、英国の子どもコミッショナーのように、オンブズマンやスタッフの選考や組織運営に子どもたちの参画を求める方策は採用していない。

### ③スウェーデン子どもオンブズマンの独立性と機能

スウェーデンの公的子どもオンブズマンの起源はスウェーデンのセーブザチルドレンが一九七三年に設置した私設子どもオンブズマンであった。公的子どもオンブズマンは、子どもの権利条約の批准に対応するための国内法として制定されたThe Children's Ombudsman's Act 1993によって設置された。設置法は当初は二条からなる短いものであったが、二〇〇二年の改正で七条となり強化された。子どもオンブズマンの責務と機能を定めた1から3は以下の条文である。

1　子どもオンブズマンは、国連・子どもの権利条約にもとづくスウェーデンの誓約に照らし、子どもおよび若者の利益を代表する責務を負う。

2　子どもオンブズマンは、たゆみなく条約の実施を奨励しかつ条約の遵守を監視する。これとの関連で、子どもオンブズマンは、法令およびその運用が子どもの権利条約に合致していることを確保することに特段の注意を払う。

3　子どもオンブズマンは所掌業務の範囲内で次のことを行なう。

（1）政府に対し、子どもおよび青年の権利および利益に対応するために必要な法改正その他の措置を提案すること。

（2）情報を普及し、世論を形成し、かつその他の適切な措置のための取り組みを行なうこと。

（3）公的な議論において子どもおよび青年の権利および利益を代表すること。

（4）子どもおよび青年の生活環境に関する知識の収集および統計の編纂を行なうこと。

（5）子どもの権利条約の解釈およびその適用に関する国際的動向をフォローすること（Sweden Parliament 2002 = 2003）。

続いて、第四条では報告書、第五条では行政機関等の協力義務、第六条では任命、第七条では社会サービス委員会への通告について規定している。

このようにオンブズマンの地位は法律に明確に規定されており、「法律上の独立性」を担保している。ただし厚生社会大臣（Ministry of Health and Social Affairs）の下の置かれた政府機関であるため、また報告書の提出先も政府であるため「法律上の独立性」は制約を受けている。また6（1）では「子どもオンブズマンは政府が任期を定めて任命する」と規定されており任期中は身分を保障されるが、政府によって任命されるため「任免を通じての独立性」を完全に担保しているとは言えない。

しかし同条第二項において「活動の組織および焦点に関する決定はオンブズマン自身が行なう」と規定され、独立した政府機関の長として位置づけられており、「運用上の独立性」は担保されている。組織は管理部門、コミュニケーション部門、プログラム・調査部門の三つの部署から構成され約四〇名の職員を擁しているが、構成を通しての独立性は確認できなかった（両角 2017）。

子どもオンブズマンは個別ケースに関する調査や救済のための権能を有しないため、「権能の独立性」を有していない。また予算の決定は政府で行われるため「財政の独立性」も有していない。

機能に関しては、基本機能のうち監視・制度改善・意識啓発の三つの機能は満たしている。The Children's Ombudsman's Act 1993 の3において、これらの機能が明記されている。制度改善と関わって重要なのが5の「行政機関等の協力義務」であり以下のように規定されている。

行政機関、自治体および郡評議会は、オンブズマンの要請があったときは、条約にしたがって子どもおよび青年の権利を実施するためにそれぞれの活動においてとった措置をオンブズマンに報告する。行政機関、自治体および郡評議会はまた、オンブズマンの要請があったときは、オンブズマンとの話し合いに出席する義務を負う。

この規定に基づいて、具体的には次のような活動が行われている。

移民・難民の子ども・若者と関わる場合には、移民庁の職員を招致して話を聞いてもらうことができるといった、法的権力があるのです。他にも例えば、一六歳以下の子どものうちどれくらいの人数が警察によって収監されているのか、その実態に関する報告を求め、収監されている子どもの待遇を改善するように要請することができます。基本的に他の政府機関、法的機関は子どもオンブズマンからの報告請求を断ることは出来ませんし、子どもオンブズマンが要請した議論の場には必ず出席しなければなりません（両角 2017)。

このような強力な権限により監視と制度改善の機能を発揮している。とりわけ、精神保健サービスを利用している子ども、非行や犯罪で刑務所や保護施設に収容されている子どもなど権利侵害を受けやすい子どもたちに焦点を当てている。二〇一八年度の年次報告書では、地方で暮らす子どもたちの不平等な状況について調査を行い、平等の実現に向けて勧告を行っている（Barnombudsmannen 2018)。二〇一七年度の年次報告書では、性的虐待、難民、イスラム過激派による暴力、男女共同参画等の問題に関して子どもの権利の観点から調査と勧告を行っている（Barnombudsmannen 2017)。また教育啓発機能に関しては"minarättigheter"というポータルサイトを開発し、全国の学校で子どもの権利教育に活用されている（ibid)。

一方前述のように個別ケースに関する調査や救済のための権能を有しない。調査ユニットでは、広く一般の子どもやおとなから相談を受けているが、権利に関する助言や他の機関への照会により支援をしている。法改正により個別ケースに関わることができる権能を付与することが最大の課題である。

表 10　カナダオンタリオ州子どもアドボケイトの概況

| | |
|---|---|
| 名称 | Provincial Advocate for Children and Youth (Office of Child and Family Service Advocacy) |
| 根拠法 | Provincial Advocate for Children and Youth Act 2007 (Child and Family Services Act, 1984) |
| 設置年 | 2007 (1984) |
| 職務 | 子どもの代弁／子ども・親とサービス提供者間の理解促進／子どもの権利教育／調査と勧告 |
| 任命 | 州議会の指名により副知事が任命 |
| 任期 | 5 年＋5 年 |
| 予算額（2017-2018）（2018.11.26 換算） | $10,598,265（905,593,807 円） |
| 人口 (2018) | 14,322,757 人 |
| 予算 / 人口 | $0.74（64.7 円） |
| 予算決定 | 州議会 |
| 報告書提出先 | 州議会議長 |
| 調査権限 | 有 |
| 個別ケース調査 | 有 |
| 子ども参加 | 有 |

作成：著者

子ども参加については、子どもオンブズマンは多くの子どもたちから話を聴いているが、英国の子どもコミッショナーのように組織運営に子どもたちの参画を求める方策は採用していない。

## 4　カナダオンタリオ州子どもアドボケイトの独立性と機能

### ①概況

カナダには全国的な子どもを対象とした国内人権機関は設置されておらず、州ごとに子どもの権利に関する機関が置かれている。このことに対して、国連子どもの権利委員会は第三回・第四回総括所見（二〇一二年）において以下のように述べている。

表 11　カナダオンタリオ州子どもアドボケイトの独立性と権能

| 独立性 | | |
|---|---|---|
| | 項目 | 評価 |
| 形式 | 法律 | ○ |
| | 運用 | ○ |
| | 任免 | △ |
| | 構成 | ○ |
| 実効 | 機能 | ○ |
| | 財政 | ○ |

| 機能 | | |
|---|---|---|
| | 項目 | 評価 |
| 基本 | 監視 | ○ |
| | 制度改善 | ○ |
| | 個別救済 | ○ |
| | 教育啓発 | ○ |
| 付加 | アドボカシー | ○ |
| | 子ども参加 | ○ |

作成：著者

カナダのほとんどの州に子どもオンブズマンが設置されていることには留意しながらも、委員会は、連邦レベルで独立の子どもオンブズマンが設置されていないことについての懸念（CRC/C/15/Add.215、パラ一四、二〇〇三年）をあらためて表明する。さらに委員会は、これらの機関の権限が限定されていること、および、すべての子どもが苦情申立て手続について承知しているわけではない可能性があることを懸念するものである。

ここで述べられているように、Child and Youth Advocate（アルバータ州）、Representative for Children and Youth（ブリティッシュコロンビア州）、Commission des droits de la personne et des droits de la jeunesse（ケベック州）のように、様々な名称・形態で各州に子どもの権利擁護機関が置かれているのである。そこでは、英国及び北欧とは異なり、インケアの子どもや先住民、特別なニーズがある子ども等の権利侵害を受けやすい特定の子どもを対象にしたものが多い。それらを先導し、また模範ともなってきたのがオンタリオ州の州子どもアドボケイト（Provincial Advocate for

Children and Youth）である。

オンタリオ州では一九七八年にカナダで最初の子どもアドボカシー事務所（Office of Child and Family Advocacy）がDefense for Childrenにより設置された。その後Child and Family Services Act 1984により、子どもの権利擁護機関としてオフィシャルガーディアン（Official Guardian）とともに子ども家庭アドボカシー事務所（Office of Child and Family Service Advocacy）として法定化され州の機関となった。

二〇〇四年にグループホームで死亡したStephanie Jobinの死亡事例検証により、政府がアドボケイトの活動を妨害していたことが明らかになった（Fraser 2018）。それを受けて、アドボカシー事務所を政府から独立させて議会の付属機関とするという議論が高まった。そしてProvincial Advocate for Children and Youth Act 2007により、議会の付属機関である州子どもアドボケイトに再編されたのである。その結果独立性が強化され、子ども参加が促進された（菊池 2018: 133-134）。州子どもアドボケイトの設置目的は同法1に以下の通り規定されている。

> 1（目的）
>
> この法律は、議会の独立した付属機関として次の目的のために州子どもアドボケイトを設置することを目的とする。
>
> （a）問題解決に向けてパートナーシップを築くことにより、ファーストネーション、イヌイット、メティ及び特別なニーズのある子どもを含む子どもたちの声を、独立した立場から代弁すること。

（b）子ども・親とサービス提供機関の間のコミュニケーションと理解を促進すること。
（c）子どもと養育者に対して子どもの権利教育を行うこと。
（d）CAS（Children's Aid Society）が提供するサービス及びその委託を受けて運営する入所施設が提供するサービスの質を向上させるために調査と勧告を行うこと。

右記の（d）に規定する調査と勧告の権限は、The Public Sector and MPP Accountability and Transparency Act, 2014の改正により二〇一六年に追加されたものである。

また州子どもアドボケイトの支援の対象となる子どもたちは以下の通りである。

①以下の何らかのサービス利用を希望するか現に利用している子ども
児童福祉制度、CASで活動している子ども、少年司法制度、児童精神保健制度
②以下の子ども
子ども家庭サービス法で規定された「特別ニーズ」のある子ども、先住民の子ども、地方の学校、付属学校、盲学校・聾学校・盲聾学校の生徒

二〇一八年一一月、オンタリオ州政府は財政赤字を削減するために州子どもアドボケイトを廃止する方針を発表し、オンタリオCAS協議会など福祉関係者は懸念を表明した（Southern et al 2018)。しかし、二〇一九年五月に州子どもアドボケイトは廃止され、その機能の一部はオンブズマンに移行することとなった。

## ②独立性と機能

州子どもアドボケイトは根拠法により議会の付属機関とされており、政府のどの省庁からも介入や妨害を受けることなく権能を行使することができる。しかしながら、州子どもアドボケイト廃止の政策動向に見られるように、国レベルの法律ではなく州法によって設置されているため、その地位は不安定である。従って「法律上の独立性」は不十分であると評価する。

日々の業務については政府部局から独立して執行する能力をもっている。従って、運用上の独立性を担保しているといえる。任用については、根拠法3（1）によって定められた任期について議会が任用を行うため独立性が担保されている。ただし根拠法第六条（2）には「副総督は、議会の決定により、任意の時にアドボケイトを解職することができる」と規定されており、その地位は十全ではない。一三名のユースを含む多様な属性の約五〇名の職員で構成されており、構成の独立性は担保されている（大角・香林 2016: 118）。

また調査権限を二〇一四年に付与され、二〇〇七年以降死亡事例検証にも積極的に参加している。従って「権能の独立性」を担保している。

議会直属の機関であり、財政の決定者及び報告書の提出先は議会である。そのため「財政の独立性」も担保している。

機能に関しては、すべての基本機能及び付加機能を満たしている。年次報告書（PACY 2017）によれば、二〇一六～二〇一七年の主な活動領域は、児童福祉・児童精神保健・特別ニーズ・少年司法・先住民・地方学校の五つの領域であり、個別アドボカシー（Individual Right Advocacy）、システムアドボカシー（Systemic Advocacy）、コミュニティ開発アドボカシー（Community Development

Advocacy)、調査（Investigation）が行われている。電話やメール等で個別相談に応じ、解決に向けて支援している。また二〇一六年一一月には2016 Listening Tourと称して、オンタリオ州全土の子どもの声を聴くツアーを実施している。このように徹底して子どもの声を聴くことにより監視機能を果たしているのである。

また二〇一六～二〇一七年の活動のハイライトは「New Child, Youth and Family Services Act」（社会的養護の子どもの意見表明権の保障）、「HairStory: Uniting Black Youth for a Right to Speak」（黒人の子どもの意見表明権）、「Feathers of Hope: Culture, Identity and Belonging Forum」（先住民の子どもの権利）、「Addressing Youth Suicide and Supporting Mental Health」（子どもの自殺と精神保健）、「We Have Something to Say: Report and Listening Table」（特別ニーズのある子どもの権利）、「Office of the Correctional Investigator Research Partnership」（成人刑務所に収監されている子ども）、「The Katelynn Sampson Inquest」（里親委託の子どもの死亡事例検証）、「Inquest into First Nations Teen Deaths」（先住民の子どもの死亡事例検証）であった（ibid）。権利侵害を受けやすい子どもたちの声を聴き、それを押し上げることで制度改善に向けての政策提言を行っているのである。さらに権利侵害がある場合には調査や勧告の権限により権利救済を行っている。このように、子どもが意見や苦情を表明するのを支援するアドボカシーから、個別救済、制度改善に至る、ミクロ・メゾ・マクロのすべてにわたって活動が展開されているのである。

子ども参加について以下の通りである。

アドボカシー事務所は、プロジェクトごとに、数人のユースがアンプリファイアーとして有給で関わっています。一方アドバイザリーグループはボランティアのポジションで、プロジェクトの進捗や方向に関してアドバイスする役割を担っています。アンプリファイアーはケアを卒業して高等教育を受けた人がなることが多く、一方アドバイザリーグループは、現在まだ施設社会的養護を受けてインケアにいる子どもたちが多くいます。したがって彼らはいまのケア制度の問題がよくわかっていますから、アンプリファイアーがしていることにアドバイスもしてくれます（菊池 2018）。

このように州子どもアドボケイトの子ども参加の実践は他のモデルとなる先進的なものである。

## 5　国内人権機関の独立性と機能に関する国際比較

表12は独立性に関して各国内人権機関を比較したものである。この表から次のことが言える。

表12　独立性に関する比較

| 名称 | 法律 | 運用 | 任免 | 構成 | 財政 | 権能 |
|---|---|---|---|---|---|---|
| イングランド子どもコミッショナー | ○ | ○ | △ | ○ | △ | △ |
| ウェールズ子どもコミッショナー | ○ | ○ | △ | ○ | ○ | ○ |
| スコットランド子どもコミッショナー | ○ | ○ | ○ | ○ | △ | ○ |
| 北アイルランド子どもコミッショナー | △ | ○ | △ | ○ | △ | ○ |
| ノルウェー子どもオンブズマン | ○ | ○ | ○ | − | △ | △ |
| スウェーデン子どもオンブズマン | ○ | ○ | △ | − | △ | △ |
| カナダオンタリオ州子どもアドボケイト | ○ | ○ | △ | ○ | ○ | ○ |

作成：著者

①「法律上の独立性」に関しては、北アイルランドは政令による設置であり、カナダは州法による設置であるため完全ではなかった。他はすべて担保されていた。
②「運用の独立性」に関しては、すべての機関がコミッショナー、オンブズマンまたはアドボケイトを長として日常的な運用について独立して意思決定できる団体であり、担保されていた。
③「任免を通しての独立性」に関しては、すべて任期中の身分は法律（北アイルランドは政令）により保護されていた、しかしスコットランドでは女王、ノルウェーでは国王が任命していたため強い独立性を持っているが、他はすべて中央政府または地方政府による任命であり十分ではなかった。
④「構成を通しての独立性」はノルウェーとスウェーデンは確認できなかったが、他はすべて担保されている。
⑤「財政上の独立性」に関して、ウェールズとオンタリオ州については、予算は議会で決定され、機能を遂行することが可能な合理的な予算規模の設定がなされている。その他はすべて中央政府または地方政府が予算を決定しており、かつイングランドとスコットランドについては機能を遂行することが可能な合理的な予算規模の設定がなされているかどうか懸念がある。
⑥「権能の独立性」に関しては、法律・制度・施策等子どもの権利に関する制度的事項に関する調査権限をすべての機関が有していた。ただし個別ケースに関する中立の審査・調査・勧告の権能に関して、イングランド・ノルウェー・スウェーデンは有していなかった。
⑦任免・財政・権能における独立性の差異が大きく、それらが各機関の独立性の強さを決定す

る大きな要因になっていた。

次に表13は、国内人権機関の機能に関する比較を行ったものである。この表から次のことが言える。

①子どもの権利条約の実施状況を含む監視機能に関しては、すべての機関が有して発揮していた。

②権利救済に関しては、北欧の子どもオンブズマンは個別ケースの調査・勧告の権限を持たず、イングランドでは子ども政策に関する問題提起を含んだ個別ケースに関する調査・勧告の権限のみを有している。その他の機関は、個別ケースに関する調査・勧告権限を有しており、特にウェールズと北アイルランドでは高等法院と同等の調

表13　機能に関する比較

| 名称 | 権利監視 | 個別救済 | 制度改善 | 人権教育 | アドボカシー | 子ども参加 |
|---|---|---|---|---|---|---|
| イングランド子どもコミッショナー | ○ | △ | ○ | ○ | △ | ○ |
| ウェールズ子どもコミッショナー | ○ | ○ | ○ | ○ | ○ | ○ |
| スコットランド子どもコミッショナー | ○ | ○ | ○ | ○ | △ | ○ |
| 北アイルランド子どもコミッショナー | ○ | ○ | ○ | ○ | ○ | ○ |
| ノルウェー子どもオンブズマン | ○ | × | ○ | ○ | △ | △ |
| スウェーデン子どもオンブズマン | ○ | × | ○ | ○ | △ | △ |
| カナダオンタリオ州子どもアドボケイト | ○ | ○ | ○ | ○ | ○ | ○ |

作成：著者

査権限を有している。ただし公式の調査実施は少数に留まっている。

③制度改善については、すべての機関が中心的な機能として実施している。とりわけノルウェーでは「オンブズマンへの情報提供義務」が法律に記載されており、またスウェーデンでは法律の制定、修正の際に声明を発することができるなど、北欧において強力に実施されている。

④子どもの権利に関する教育啓発機能はすべての機関において実施されている。イングランドの引継ぎの日、ウェールズの特別大使、北アイルランドの意識覚醒セッション、スウェーデンの子どもの権利学習のための教材開発等はこうした側面で大きな役割を果たしている。

⑤アドボカシー機能については、個別ケースへの調査権限を有している機関では、それを背景に有効に機能している。イングランド・ウェールズでは更に、自治体に義務付けられた独立アドボカシーサービスと連携することにより、最も強力なアドボカシーを提供している。

⑥子ども参加に関しては、英国及びカナダにおいて、監視・制度改善・教育啓発・機関運営への参加が幅広く行われている。一方北欧では制度改善への子どもの参加は行われているが、組織運営等への参加は行われていない。子ども参加の促進という機能においては英国とカナダが先進的である。

結論として、各国の国内人権機関は、名称は異なっているが、その独立性と機能は基本的に共通しているといえる。またすべての国において子ども参加による子どもの権利状況に関する監視と制度改善に向けて議会や政府に働きかけることが中核的な機能であることが確認された。

他方個別救済の権限はイギリスとカナダは有しており、北欧は有していないと差異があり、必ずしも中核的な機能とはとらえられていなかった。またこれらの機能を有している英国・カナダでも、個別ケースに関する職権による調査実施は少数であった。しかし個別ケースへの調査権限を有する機関では、積極的な子ども参加とアドボカシーを行っており、子どもの声に基づく制度改善が強力に進められていた。こうした点は、子どもの参加権の実現という意味で大きな意義を持つものである。またイングランド・ウェールズにおける子どもアドボカシーサービスとの連携は先進的なものであり、公的な国内人権機関が行う制度改善機能と民間団体が行うアドボカシー機能の役割分担と連携の有効性を示している。

本研究の結果から、日本において子どもの権利擁護のための国内人権機関を設置する場合には、監視・個別救済・制度改善の権限を持って子どもの権利状況を監視し、議会や政府、自治体に働きかけることができる議会付属の独立機関を設置することが必要であることが示唆される。また個別救済の機能とそれを軸にした子ども参加及びアドボカシーの模範的実践事例を提供することが、子どもの参加と意見表明を保障する制度と文化を創出することに寄与することが示唆された。さらには、イングランド・ウェールズのように、基礎自治体において子どもアドボカシーサービスを創出して草の根の民間団体と連携することにより、最も強力な子どもの権利擁護システムが構築できることが示唆された。

## 文献

Barnombudsmannen (2015) *About The Ombudsman for Children in Sweden* (https://www.barnombudsmannen.se/om-webbplatsen/english/).

Barnombudsmannen (2017) *Årsredovisning* 2017.
Barneombudet (2018) *About the Ombudsman* (http://barneombudet.no/english/about-the-ombudsman/).
Boylan, J.and Dalrymple, J. (2009) *Understanding Advocacy for Children and Young People*, Open University Press.
CCE <Children's Commissioner for England> et al. (2015) *Report of the UK Children's Commissioners UN Committee on the Rights of the Child Examination of the Fifth Periodic Report of the United Kingdom of Great Britain and Northern Ireland*.
CCE (2016) *Lightning Review: Access to Child and Adolescent Mental Health Services*.
CCE (2018) *Growing Up North: Consultation with children and young people*˙
CCW <Children's Commissioner for Wales> (2018) *Annual Report and Accounts 2017-18*.
CRC <Committee on the Rights of the Child> (1998) *Concluding observations of the Committee on the Rights of the Child: Japan*. 1998/06/05.（=1998, 外務省「条約第四四条の下での締約国により提出された報告の審査児童の権利に関する委員会の最終見解：日本」）.
CRC (2002) *General Comments No.2,The Role of Independent National Human Rights Institutions in the Protection and Promotion of the Rights of the Child*（= 2002, 平野裕二訳「子どもの権利委員会一般的意見第2号（二〇二二年）国内人権機関の役割」<http://homepage2.nifty.com/childrights/crccommittee/generalcomment/genecom2.htm.2011.5.3>).
CRC (2002) *Concluding observations: United Kingdom of Great Britain and Northern Ireland* ( = 2012, 平野裕二訳「総括所見：イギリス（第二回・二〇〇二年）」<http://daccess-dds-ny.un.org/

doc/UNDOC/GEN/G02/453/81/PDF/G0245381.pdf?OpenElement.2011.5.3>）
CRC (2018) *Concluding observations on the combined fifth and sixth periodic reports of Norway.*
CRC (2012) *Concluding observations on the combined third and fourth periodic reports of Canada*（＝2014, 平野裕二訳「総括所見：カナダ（第三～四回・二〇一二年）」<https://www26.atwiki.jp/childrights/pages/243.html>.）
CYCS <Children & Young People's Commissioner Scotland> (2018) *OUR JOURNEY 2017-18.*
DoH <Department of Health> (2002c) *National Standards for the Provision of Children's Advocacy Services*, DoH Publications. (=2009, 堀正嗣「子どもアドボカシーサービス提供のための全国基準」堀正嗣・栄留里美（2009）『子どもソーシャルワークとアドボカシー実践』明石書店,65-192).
Flekkoy, M. G. *A Voice for Children: Speaking out as Their Ombudsman*, Jessica Kingsley Publishers.
Fraser, S. (2018) *Axing Ontario's child advocate puts our most vulnerable kids at even greater risk* (https://www.theglobeandmail.com/opinion/article-axing-ontarios-child-advocate-puts-our-most-vulnerable-kids-at-even).
半田勝久（1997）「ノルウェーにおける『子どもオンブズマン』制度の構造と活用」関東教育学会『関東教育学会紀要』(24).
平野裕二（2001）「子どもオンブズパーソンの国際的動向」喜多明人他編著『子どもオンブズパーソン』日本評論社.
菊池幸工（2018）「子どもの権利擁護を進めるアドボカシー事務所の活動」畑千鶴乃他『子どもの権利最前線　カナダ・オンタリオ州の挑戦』かもがわ出版.

両角達平（2018）「スウェーデンの子どもオンブズマンとは？-スウェーデンが子どもの権利条約を法律にする理由を聞いてみた」（https://tatsumarutimes.com/archives/20250）.
NICCY (2018a) *Annual Report and Accounts For the year ended 31 March 2018.*
NICCY (2018b) *Who are the Youth Panel* (https://www.niccy.org/about-us/youth-panel/who-are-the-youth-panel, 2018,11,16).
日本弁護士連合会（2014）「国内人権機関の創設を求める意見書」.
日本弁護士連合会（2018）「政府から独立した国内人権機関の設立のために」.
大角しのぶ・香林朋美(2016)「オンタリオ州アドボカシーオフィス子どもと若者の権利擁護機関」資生堂社会福祉事業財団『２０１５年度　第41回 資生堂児童福祉海外研修報告書――カナダ児童福祉レポート』.
PACY <Provincial Advocate for Children and Youth> (2018a) *2017 Report to the Legislature.*
PACY (2018b) *WHO CAN WE HELP* (https://www.provincialadvocate.on.ca/how-we-help/who-can-we-help).
Shooter, M . (2014) *An Independent Review of the Role and Functions of the Children's Commissioner for Wales.*
Southern, R and News Staff (2018) *Ontario axes 3 government watchdogs, ends some rent control* (https://toronto.citynews.ca/2018/11/15/ontario-fall-economic-statement/)
Sweden Parliament (2002) *The Children's Ombudsman's Act 1993* ( = 2003, 平野裕二訳「スウェーデン『子どもオンブズパーソン事務所設置法』」(http://childrights.world.coocan.jp/international/ombuds/sweden_law.htm).

Waterhouse, R. (2000) *Lost in Care: Report of Tribunal of Inquiry into the Abuse of Children in Care in the Former County Council Areas of Gwynedd and Clwyd since 1974*, The Stationary Office.

（初出：熊本学園大学付属海外事情研究所『海外事情研究』第四六巻、二〇一九年。最新の情報により一部加筆修正を行った。）

# おわりに

みなさま、子どもアドボケイト養成講座を受講していただきありがとうございました。私が子どもアドボカシーの研究を始めた動機は子ども時代の経験にあります。弱視という障害をもって子ども時代を送りました。幼年期に重く成長に伴ってだんだん軽くなる障害でした。そのこともあって小さい時ほど辛かった記憶があります。特に小学校低学年にいじめを受け、傷ついた経験がアドボカシー研究の原点です。その時に、誰か自分の声を聴いて助けてくれるおとながいないかと願っていました。そうした子ども時代の自分の声に耳を傾け、何ができるか考えて到達したのが、子どもアドボカシーを実現するということでした。

この講座を終えるにあたって、みなさんにお願いがあります。まず、子どもアドボカシーセンターを各地に作っていただきたいと願っています。各地の市民運動は、子ども若者自身の活動も含めて、子どもの権利を守る活動を積み上げてこられています。そういった皆さんが「私たちの活動が子どもアドボカシーだ」と名乗りを上げていただいたら、それが子どもアドボカシーセンターの始まりになります。そして、これまでの活動を土台に、この養成講座でお話しした理念と原則に根差した本格的な子どもアドボカシーセンターをつくっていただきたいと願っています。

子どもアドボカシーセンターの設立は全国どこでもできます。すでに二〇二〇年六月にはＮＰＯ

法人子どもアドボカシーセンターOSAKAが、同年七月には一般社団法人子どもアドボカシーセンターNAGOYAが設立されました。その後も、子どもアドボカシーセンター広島、子どもアドボカシーセンターみやぎ、子どもアドボカシーセンターMIEなどの団体が、全国各地で設立されています。こうした活動が社会的に認知されて、全国に広まることを期待しています。

次に、「子どもアドボケイトの養成と実践について一緒に研究して磨きをかけていきましょう」と提案いたします。日本では子どもアドボケイト養成講座はまだまだ入り口にすぎません。イギリスでは実習を含む本格的な資格取得のための講座（子どもアドボケイト認定のためには三六〇時間の講座を受ける必要があります）を受講し、その上で実際に子どもアドボカシーを実践していくことによって、アドボケイトのリーダーになっていかれます。子どもたちに「良かった」と思ってもらえるアドボケイトになるためには、研鑽と経験が必要です。そのためにどのようにしていけばいいのかを皆さんと一緒にしっかりと研究していきたいと思います。国・自治体の政策によってアドボケイト制度ができても、それを担うアドボケイトがいなかったら何もできません。だから市民の力で子どもアドボカシー実践を広げて、その経験を持ち寄って、真に子どもの権利が守れるアドボケイトの養成と実践の方法をつくりだしていきましょう。そのため二〇二〇年八月に子どもアドボカシー研究会を仲間とともに設立しました。そして、この研究会を母体に、二〇二二年八月には、子どもアドボカシー学会を設立しました。子どもアドボカシー学会は、「子どもアドボケイト養成講座」（基礎講座・専門講座・実践講座）を開催しており、基礎講座受講者は年間五〇〇人を越えています。また宮城県、山口県、長崎県など、各自治体のアドボケイト養成講座を受託しています。二〇二二年八月には最初の学会認定子どもアドボケイトも誕生しました。本書を読まれて子どもアドボカシーに関心を持たれたみなさまには、子どもアドボカシー学会への入会、子どもアドボケイト養成講座の受講をお願いいたします（子どもアドボカシー学会ＨＰ：https://adv-kenkyukai.jimdofree.com/）。

三つ目は「国や自治体への政策提言をしていきましょう」ということです。国、自治体、行政だけでなく、児童福祉審議会や児童相談所などに対しても、アドボカシーをしっかりとした仕組みとして作っていただけるような働きかけを進めて行きましょう。その結果議会や行政などが子どもアドボカシーの大切さを理解して、制度化を進めていただけたら大きな力になります。そして国・自治体と市民が力を合わせて、子どもの権利を守れる社会を築いていきたいと思います。

子どもの声がしっかりと聴かれる社会は、すべての人の声が聴かれる社会です。そういう社会を子どもたちと一緒に創りたいと私は思います。子どももおとなも安心して自分の気持ちや意見が言えて、それらをお互いが尊重してみんなで社会を創っていく、これが本当の民主主義です。みなさんと一緒に、子どもアドボカシーからそのような社会をめざしたいと思います。

**堀正嗣（ほり・まさつぐ）**
熊本学園大学社会福祉学部教授。子どもアドボカシー学会会長。NPO 法人子どもアドボカシーセンター OSAKA 及び一般社団法人子どもアドボカシーセンター NAGOYA 理事。主な著書に、『子どもソーシャルワークとアドボカシー実践』（共著、2009 年、明石書店）、『イギリスの子どもアドボカシー——その政策と実践』（編著、2011 年、明石書店）、『障害学は共生社会をつくれるか——人間解放を求める知的実践』（単著、2021 年、明石書店）、『施設訪問アドボカシーの理論と実践——児童養護施設・障害児施設・障害者施設におけるアクションリサーチ』（共著、2022 年、明石書店）など。

# 子どもアドボケイト養成講座

## 子どもの声を聴き権利を守るために

2020 年 10 月 15 日　初版第 1 刷発行
2023 年 10 月 28 日　初版第 4 刷発行

著　者　堀　正　嗣
発行者　大　江　道　雅
発行所　株式会社 明石書店

〒 101-0021 東京都千代田区外神田 6-9-5
電 話　03（5818）1171
FAX　03（5818）1174
振 替　00100-7-24505
https://www.akashi.co.jp

装　丁　明石書店デザイン室
印刷／製本　モリモト印刷株式会社

（定価はカバーに表示してあります）　ISBN978-4-7503-5082-0

# 子どもソーシャルワークとアドボカシー実践

堀正嗣、栄留里美 著

■A５判／上製／２３２頁　◎２５００円

イギリスにおける子どもアドボカシーの理論と実践に学び、子どもソーシャルワークにおけるアドボカシー実践の意義と可能性を明らかにする。子どもをひとりの人間として尊重し、子どもの意見や主体性を尊重する立場から権利を擁護するための考え方と方策を示す。

―――●　内容構成　●―――

第１章　アドボカシーの本質としてのセルフアドボカシー
第２章　ソーシャルワークにおけるアドボカシー実践の意味
第３章　子どもアドボカシーの独自性
第４章　イギリスにおける子ども虐待対応と子どもアドボケイト
第５章　イギリスにおける子どもアドボケイトの実際
第６章　日本の子ども虐待ソーシャルワークの現状と課題
第７章　日本の子どもソーシャルワークにおける参加の位置づけとアドボケイトの可能性
第８章　子どもアドボカシーサービス提供のための全国基準〔イギリス保健省〕
第９章　児童福祉における抵抗のための力としての専門的アドボカシー〔ジェーン・ダリンプル〕

---

**施設訪問アドボカシーの理論と実践**
児童養護施設・障害児施設・障害者施設におけるアクションリサーチ
栄留里美、鳥海直美、堀正嗣、吉池毅志著　◎５５００円

**障害学は共生社会をつくれるか**
人間解放を求める知的実践
堀正嗣著　◎４３００円

**イギリスの子どもアドボカシー**　その政策と実践
堀正嗣編著　栄留里美、河原畑優子、ジェーン・ダリンプル著　◎３８００円

**共生の障害学**　排除と隔離を超えて
堀正嗣編著　◎３０００円

**児童虐待対応と「子どもの意見表明権」**
一時保護所での子どもの人権を保障する取り組み
小野善郎、薬師寺真編著　◎２５００円

**子どもアドボカシー**　つながり・声・リソースをつくるインケアユースの物語
畑千鶴乃、菊池幸工、藤野謙一著　◎２２００円

**子ども若者の権利とこども基本法**
子ども若者の権利と政策①
末冨芳編著　末冨芳、秋田喜代美、宮本みち子監修　◎２７００円

**子どもの権利ガイドブック【第２版】**
日本弁護士連合会子どもの権利委員会編著　◎３６００円

〈価格は本体価格です〉